Manipolazione Mentale

Il potere della mente,

per un controllo totale Della tua vita.

<u>Alessandro De luca</u>

Sommario

Capitolo 1: Introduzione alla Manipolazione Mentale: Un Panorama Generale

Definizione di Manipolazione Mentale: Comprendere cosa si intende per "manipolazione mentale" e come si differenzia da altre forme di persuasione o influenza.

La manipolazione mentale è un fenomeno che ha suscitato grande interesse e dibattito negli ultimi decenni. Spesso associata a concetti come il controllo della mente o la suggestione subliminale, la manipolazione mentale rappresenta un ambito complesso che richiede una comprensione approfondita per poter essere adeguatamente analizzata e affrontata. In questa panoramica generale, esploreremo la definizione di manipolazione mentale, cercando di comprendere cosa si intende per questo termine e come si differenzia da altre forme di persuasione o influenza.

La manipolazione mentale può essere definita come un processo attraverso il quale una persona o un gruppo esercita un controllo o un'influenza sull'individuo, al fine di ottenere risultati desiderati. La manipolazione mentale coinvolge solitamente l'uso di tattiche psicologiche e strategie manipolative volte ad alterare il pensiero, le emozioni oi comportamenti di una persona, senza il suo consenso informato o senza che sia pienamente consapevole dell'influenza che subisce.

La manipolazione è un fenomeno che ha radici profonde nella storia dell'umanità. Fin dai tempi antichi, le persone hanno cercato di influenzare e controllare le menti degli altri per vari scopi. Mentre le tecniche e le pratiche hanno subito un'evoluzione nel corso dei secoli, la natura stessa della manipolazione è rimasta fondamentalmente uguale nel tempo.

Una delle prime forme di manipolazione mentale può essere riscontrata nell'antica Grecia, con l'uso dell'elogio e della persuasione retorica. Oratori abili come Demostene e Cicerone erano maestri nell'arte di convincere le persone attraverso il potere delle parole. La retorica veniva utilizzata per manipolare le emozioni, i desideri e le opinioni del pubblico, spingendoli ad agire in determinati modi.

Un altro importante sviluppo nella storia della manipolazione mentale si è verificato durante l'Inquisizione, un periodo oscuro in Europa nel quale si cercava di estirpare l'eresia. Durante questo periodo, l'uso della tortura e di metodi psicologici coercitivi vennero impiegati per indurre confessioni e sottomissione da parte dei presunti eretici, Ed era utilizzata come uno strumento di controllo e oppressione.

Nel corso del XX secolo, ha conosciuto una crescita significativa, grazie ai progressi nella comprensione della psicologia umana e alla tecnologia moderna. Durante la prima metà del secolo, i regimi totalitari come quello di Adolf Hitler in Germania e di Joseph Stalin in Unione Sovietica hanno fatto un ampio uso della propaganda per manipolare e controllare le masse. Attraverso la censura dei media, la distorsione della verità e la creazione di un culto della personalità, questi leader cercavano di manipolare l'opinione pubblica e ottenere il consenso acritico della popolazione.

Negli anni successivi, l'avvento della televisione e dei mass media ha aperto nuove possibilità per la manipolazione mentale di massa. Ad esempio, la pubblicità ha sfruttato le conoscenze psicologiche per creare desideri artificiali e influenzare i comportamenti dei consumatori. L'uso di messaggi subliminali e tecniche di persuasione nascoste ha sollevato preoccupazioni etiche e ha portato a un dibattito sul confine tra persuasione legittima e manipolazione ingannevole.

Nel contesto moderno, l'era digitale ha introdotto nuovi strumenti e modalità per la manipolazione mentale. I social media e gli algoritmi personalizzati possono creare una bolla informativa intorno agli individui, esponendoli solo a contenuti che indicano alle loro convinzioni preesistenti. Questa polarizzazione e l'isolamento dalle opinioni divergenti possono portare a una sottile manipolazione delle opinioni.

La manipolazione mentale si manifesta in una vasta gamma di tecniche e strategie utilizzate per influenzare e controllare gli altri. Queste tattiche sfruttano i meccanismi psicologici delle persone per ottenere il risultato desiderato. Esploreremo alcuni dei tipi più comuni di manipolazione mentale, offrendo una panoramica delle loro caratteristiche distintive.

La manipolazione emotiva è una delle forme più potenti e diffuse di manipolazione mentale. Questa strategia si basa sull'uso deliberato delle emozioni per influenzare il comportamento degli altri. I manipolatori emotivi possono sfruttare la pietà, la colpa, la rabbia o la tristezza di una persona per ottenere ciò che desiderano. Ad esempio, potrebbero usare l'autolesionismo o minacciare di fare del male a sé stessi per costringere l'altro a comportarsi in un certo modo.

Un altro tipo comune di manipolazione mentale è il gaslighting. In questa forma di manipolazione, il manipolatore cerca di far dubitare la vittima della propria percezione della realtà. Il manipolatore negherà o minimizzerà le esperienze o i sentimenti della vittima, creando così una sensazione di confusione e insicurezza. Il gaslighting può portare la vittima a dubitare di sé stessa, a sentirsi in colpa o a sviluppare una bassa autostima.

La manipolazione psicologica è un'altra tecnica diffusa. Questo tipo di manipolazione si basa sull'uso di tattiche psicologiche per ottenere il controllo. Queste tattiche possono includere la creazione di dipendenza emotiva, la manipolazione delle aspettative o l'uso di rinforzi positivi o negativi per modellare il comportamento desiderato. Ad esempio, un manipolatore potrebbe ricompensare l'obbedienza con l'affetto o punire la disobbedienza con il rifiuto.

Il manipolatore può presentare solo una parte della verità o manipolare le informazioni per creare un'immagine distorta della realtà. Questo può portare la vittima a prendere decisioni basate su informazioni incomplete o fuorvianti.

Un'altra tecnica manipolativa è l'isolamento sociale. Il manipolatore può cercare di isolare la vittima dalle persone che potrebbero offrire sostegno o fornire un punto di vista obiettivo. L'isolamento sociale rende la vittima più dipendente dal manipolatore, facilitando così il controllo e la manipolazione delle sue azioni e pensieri

La manipolazione mentale è un'arte sottile che viene utilizzata in vari contesti per ottenere risultati desiderati. Esploreremo alcuni dei principali ambiti di applicazione della stessa, gettando luce sulle sue strategie e tecniche specifiche.

Un ambito in cui la manipolazione è ampiamente utilizzata e la pubblicità. Le aziende investono considerevoli risorse nello sviluppo di strategie di marketing che sfruttano le emozioni, le aspettative e l'invalidità dei consumatori. La pubblicità manipolativa utilizza tecniche come la creazione di desideri artificiali, l'uso di immagini attraenti e la promessa di soluzioni rapide per spingere le persone all'acquisto di determinati prodotti o servizi. Inoltre, l'uso di messaggi subliminali e di strategie di persuasione nascoste può influenzare le scelte dei consumatori senza che ne siano pienamente consapevoli.

La politica è un altro ambito in cui la manipolazione mentale è ampiamente presente. I politici spesso utilizzano strategie persuasive per ottenere il sostegno e il consenso dell'elettorato. Attraverso discorsi carismatici, promesse allettanti e la manipolazione delle emozioni collettive, cercano di plasmare le opinioni e le scelte dei cittadini. La manipolazione politica può coinvolgere anche la distorsione dei fatti, la creazione di nemici immaginari o la manipolazione delle informazioni per influenzare l'opinione pubblica a proprio vantaggio.

Nelle relazioni personali, può essere utilizzata da individui manipolativi per ottenere il controllo o l'approvazione degli altri. Questo può avvenire attraverso l'uso di tattiche manipolative come il gaslighting, la colpa o l'isolamento sociale. Le persone manipolative possono cercare di sfruttare le emozioni e le insicurezze dei loro partner, amici o familiari per ottenere ciò che vogliono. Questo tipo di manipolazione può danneggiare gravemente la fiducia e l'autostima delle vittime, portando a relazioni tossiche e abusive.

Nel mondo degli affari, è spesso utilizzata per ottenere vantaggi competitivi o influenzare le decisioni aziendali. I leader aziendali possono utilizzare tattiche manipolative per ottenere l'adesione dei dipendenti alle loro strategie, creando un ambiente di tossico o promettendo opportunità di lavoro che non verranno poi mantenute. Inoltre, la manipolazione mentale può essere utilizzata per influenzare i clienti, spingendoli ad acquistare un prodotto o a fare determinate scelte attraverso la creazione di illusioni di scelta o la manipolazione delle loro emozioni

e può comportare sia benefici che rischi significativi, sia per coloro che la utilizzano che per coloro che non sono vittime. Esploreremo entrambi gli aspetti per avere una visione più completa della questione.

Per quanto riguarda i potenziali benefici, la manipolazione può essere considerata un'abilità strategica che consente di influenzare gli altri e raggiungere obiettivi specifici. In determinati contesti, come la negoziazione o il marketing, l'uso appropriato delle tecniche di persuasione può portare a risultati positivi. Ad esempio, un venditore abile potrebbe utilizzare la persuasione per comunicare in modo efficace i vantaggi di un prodotto e convincere un cliente a fare un acquisto che potrebbe essere vantaggioso per entrambe le parti.

Tuttavia, è importante considerare i rischi associati ad essa. Quando utilizzata in modo sleale o abusivo, può causare danni significativi alle persone coinvolte. Coloro che subiscono possono sperimentare una serie di effetti negativi sulla loro salute mentale e benessere emotivo. Questi possono includere la perdita di fiducia in se stessi, l'isolamento sociale, la bassa autostima e la confusione mentale.

Inoltre, la manipolazione mentale può minare il concetto stesso di autonomia e libertà individuale. Quando una persona viene sottoposta a manipolazione, la sua capacità di prendere decisioni informate e autentiche può essere compromessa. Ciò può portare a una dipendenza emotiva o psicologica da parte del manipolatore, che può abusare del potere ottenuto attraverso la manipolazione.

Un altro rischio associato è la manipolazione coercitiva, che può essere utilizzato per scopi dannosi o illegali. Ad esempio, le sette o le organizzazioni abusive possono utilizzare tattiche manipolative per controllare i loro membri e sfruttarli finanziariamente o sessualmente. Questi casi estremi mettono in evidenza i pericoli della manipolazione mentale quando si trasforma in abuso e violazione dei diritti umani.

Inoltre, la manipolazione può minare la fiducia e la cooperazione nelle relazioni interpersonali. Quando una persona scopre di essere stata manipolata, può causare tensioni, conflitti e una rottura dei legami di fiducia. Ciò può avere un impatto duraturo sulle relazioni personali e professionali, rendendo difficile ricostruire la fiducia una volta danneggiata.

Per affrontare questi rischi, è essenziale promuovere l'educazione e la consapevolezza sulla manipolazione mentale. Gli individui devono essere in grado di riconoscere i segni e le tattiche manipolative, e sviluppare le competenze necessarie per proteggersi.

Capitolo 2 : Comprendere la Psicologia Umana:

La Chiave della Manipolazione

Fondamenti di Psicologia Umana: Un'introduzione ai concetti chiave della psicologia umana che sono rilevanti per la manipolazione mentale, come la percezione, l'attenzione, la memoria e le emozioni.

Per comprendere appieno il fenomeno è fondamentale avere una conoscenza di base della psicologia umana. Esplorando i concetti chiave della percezione, dell'attenzione, della memoria e delle emozioni, possiamo acquisire una prospettiva più approfondita su come la manipolazione può influenzare il comportamento umano.

La percezione è il processo attraverso il quale le persone organizzano e interpretano le informazioni sensoriali provenienti dall'ambiente circostante. La manipolazione mentale può sfruttare i meccanismi percettivi per influenzare la nostra interpretazione del mondo. Ad esempio, un manipolatore potrebbe presentare informazioni in modo selettivo o distorcerle per modellare la nostra percezione di una determinata situazione. Utilizzando l'illusione, la suggestionabilità e la selettività percettiva, e può influenzare ciò che vediamo, sentiamo e crediamo.

L'attenzione è la capacità di concentrarsi su specifici stimoli o informazioni. La manipolazione può cercare di catturare e mantenere l'attenzione dell'individuo, dirigendola verso determinati messaggi o obiettivi. I manipolatori possono utilizzare tecniche come l'uso di elementi visivi accattivanti, la creazione di suspense o la presentazione di informazioni insolite o sorprendenti per mantenere l'attenzione dell'altro. Attraverso la manipolazione dell'attenzione, possono influenzare ciò su cui ci focalizziamo e come interpretiamo le informazioni.

La memoria è un elemento fondamentale. La nostra capacità di memorizzare e recuperare informazioni influisce sulle nostre decisioni e sui nostri comportamenti. I manipolatori possono sfruttare le vulnerabilità della memoria umana, come la fallacia della testimonianza o la suggestionabilità della memoria, per influenzare la nostra percezione degli eventi passati o manipolare i nostri ricordi. Attraverso la manipolazione della memoria, possono creare una narrazione distorta o creare falsi ricordi per plasmare la nostra interpretazione del presente e influenzare le nostre azioni.

Le emozioni giocano un ruolo cruciale. Le emozioni influenzano il nostro comportamento, le nostre decisioni e le nostre reazioni agli stimoli esterni. I manipolatori possono sfruttare le emozioni per suscitare reazioni specifiche e controllare le nostre azioni. Possono utilizzare l'empatia, la paura, la colpa o la gratificazione per manipolare le nostre risposte emotive e spingerci verso determinati comportamenti o scelte. La gestione delle emozioni può creare dipendenza emotiva o sfruttare le nostre fragilità psicologiche per ottenere il controllo su di noi.

Le motivazioni umane sono il motore che guida il nostro comportamento e le nostre azioni. Comprendere le teorie fondamentali delle motivazioni umane ci permette di esplorare i fattori che influenzano le nostre scelte e le nostre aspirazioni. Due importanti teorie in questo contesto sono la teoria dei bisogni di Maslow e le teorie dell'autodeterminazione.

La teoria dei bisogni di Maslow, sviluppata dallo psicologo Abraham Maslow, suggerisce che i bisogni umani possono essere suddivisi in una gerarchia di livelli. Secondo Maslow, ogni individuo ha bisogni di base che devono essere soddisfatti prima di poter avanzare verso livelli superiori di motivazione. La gerarchia dei bisogni di Maslow comprende bisogni fisiologici (come cibo, acqua, riposo), bisogni di sicurezza (come protezione, stabilità), bisogni sociali (come appartenenza e affetto), bisogni di stima (come riconoscimento e rispetto) e bisogni di realizzazione personale (come l'autorealizzazione e il raggiungimento del proprio potenziale). Secondo questa teoria, le persone sono motivate a soddisfare i bisogni di livello inferiore prima di aspirare a quelli di livello superiore.

Le teorie dell'autodeterminazione, sviluppate da Edward L. Deci e Richard M. Ryan, si concentrano sulla motivazione intrinseca e sull'autonomia personale. Secondo queste teorie, le persone sono motivate quando possono soddisfare i loro bisogni fondamentali di competenza, autonomia e relazioni sociali. La motivazione intrinseca si basa sul desiderio interno di intraprendere attività che ci interessano e ci soddisfano personalmente, mentre la motivazione estrinseca dipende da fattori esterni come ricompense o punizioni. Le teorie dell'autodeterminazione sostengono che la motivazione intrinseca è più duratura e gratificante rispetto alla motivazione estrinseca, e che soddisfano i bisogni di competenza, autonomia e relazioni sociali promuovendo un senso di benessere e realizzazione personale.

Entrambe queste teorie forniscono un quadro per comprendere le diverse motivazioni umane e come influenzano il comportamento. Tuttavia, è importante notare che le motivazioni umane sono complesse e variano da individuo a individuo. Le persone sono motivate da una combinazione unica di fattori interni ed esterni, esperienze personali, valori e aspettative culturali.

La comprensione delle motivazioni umane è cruciale nel contesto della manipolazione mentale. I manipolatori possono sfruttare le motivazioni umane, ad esempio manipolando i bisogni di sicurezza o di appartenenza per ottenere il controllo o l'approvazione. Possono anche cercare di influenzare le motivazioni intrinseche delle persone.

La psicologia sociale si occupa dello studio di come le persone sono influenzate dagli altri nel contesto sociale. Comprendere i principi di base della psicologia sociale ci aiuta a capire come i comportamenti e le credenze degli individui possono essere modellati dalla presenza e dalle opinioni degli altri. Alcuni concetti chiave in questo campo sono la conformità, l'obbedienza e l'influenza sociale.

La conformità è il fenomeno in cui le persone modificano i propri comportamenti, attestamenti o credenze per adattarsi alle aspettative o alle norme sociali. La conformità può avvenire in risposta a una pressione esplicita o implicita del gruppo. Uno dei famosi esperimenti che illustrano la conformità è l'esperimento di Solomon Asch sugli effetti della pressione dei pari. Nell'esperimento, i partecipanti sono apparsi esposti a una serie di linee di lunghezza diversa e hanno indicato quale linea corrispondesse in lunghezza a una linea di confronto. Quando i confederati presenti nell'esperimento fornivano risposte chiaramente errate, molti dei partecipanti si conformavano alle risposte sbagliate pur essendo consapevoli della verità. Ciò dimostra quanto sia potente la pressione sociale nella modifica dei comportamenti individuali.

L'obbedienza è un altro concetto cruciale nella psicologia sociale, che riguarda la tendenza di un individuo ad agire in conformità con un ordine o un comando di un'autorità. L'esperimento di Stanley Milgram sull'obbedienza all'autorità è uno degli esperimenti più noti e controversi condotti in questo campo. Nell'esperimento, i partecipanti sono apparsi incaricati di somministrare scosse elettriche a un'altra persona (che in realtà era un attore) ogni volta che commetteva un errore. Nonostante i gridi di dolore dell'attore, molti partecipanti continuavano a somministrare le scosse su richiesta dell'esperimentatore. Questo studio evidenzia quanto l'obbedienza all'autorità possa superare le preoccupazioni etiche o morali, portando a comportamenti contro la propria volontà.

L'influenza sociale si riferisce all'effetto che gli altri hanno sulle nostre opinioni, attitudini e comportamenti. Esistono due forme principali di influenza sociale: l'influenza normativa e l'influenza informativa. L'influenza normativa si verifica quando una persona adatta il proprio comportamento o le proprie opinioni per essere accettata o evitare il disprezzo sociale. L'informativa sull'influenza, invece, si verifica quando una persona assume il comportamento o le opinioni degli altri perché ritiene che siano corretti o accurati.

Le emozioni svolgono un ruolo fondamentale nella nostra vita quotidiana e influenzano profondamente i nostri pensieri, comportamenti e decisioni. Nell'ambito della manipolazione mentale, le emozioni possono essere utilizzate come un potente strumento per influenzare gli altri. Esplorando come le persone reagiscono diversamente a seconda del loro stato emotivo, possiamo comprendere meglio come le emozioni possono essere sfruttate per fini manipolativi.

Una delle tattiche manipolative più comuni è sfruttare le emozioni negative, come la paura, l'ansia o la tristezza. Queste emozioni possono indebolire la nostra razionalità e renderci più suscettibili all'influenza esterna. I manipolatori possono utilizzare scenari catastrofici, notizie drammatiche o minacce esagerate per generare paura o ansia, spingendoci a prendere decisioni o adottare azioni che altrimenti non avremmo scelto. Le emozioni negative possono anche essere sfruttate per creare dipendenza emotiva da parte del manipolatore, offrendo conforto o supporto solo in cambio di obbedienza o adesione alle loro richieste.

D'altra parte, le emozioni positive come la gioia, l'entusiasmo o l'euforia possono essere utilizzate per creare un senso di appartenenza o gratificazione. I manipolatori possono sfruttare queste emozioni per creare una sorta di dipendenza emotiva, premiando comportamenti che sostengono i loro scopi o confermando le credenze che vogliono instillare. Attraverso ricompense, elogi o gratificazioni, i manipolatori possono condizionare le nostre risposte emotive e motivare comportamenti che altrimenti potrebbero non essere nel nostro interesse.

È importante notare che le persone possono reagire in modo diverso alle emozioni a causa di una serie di fattori, come l'esperienza personale, la personalità e l'ambiente sociale. Ad esempio, alcune persone possono essere più suscettibili alla manipolazione quando sono emotivamente vulnerabili o hanno bisogno di approvazione e affetto. D'altra parte, le persone che sono consapevoli delle tattiche manipolative possono essere più in grado di resistere alla manipolazione e proteggere le proprie emozioni.

Tutta via, anche se le emozioni possono essere sfruttate per fini manipolativi, non significa che tutte le situazioni in cui si suscitano emozioni siano manipolative per natura. Le emozioni sono un aspetto intrinseco dell'essere umano e possono essere utilizzate in modo sano e significativo per comunicare, connettere e influenzare positivamente gli altri. È fondamentale distinguere tra l'uso manipolativo delle emozioni, che mira a ottenere un vantaggio personale.

Capitolo 3 : Le Basi della Persuasione:

Tecniche e Strategie Efficaci

Definizione di Persuasione: Un'introduzione alla persuasione come strumento di comunicazione e influenza, spiegando come si distingue dalla manipolazione.

La persuasione è un processo di comunicazione volto a influenzare le credenze, le opinioni oi comportamenti delle persone. È una strategia utilizzata da molti professionisti, come venditori, politici, pubblicitari e leader, per ottenere il consenso e guidare le persone verso un determinato obiettivo. La persuasione si differenzia dalla manipolazione in quanto si basa sull'uso etico e trasparente di tecniche persuasive, mentre la manipolazione tende ad essere ingannevole o coercitiva.

La persuasione si basa su una serie di principi psicologici che influenzano il modo in cui le persone elaborano le informazioni e prendono decisioni. Uno dei principi fondamentali è quello di costruire fiducia e credibilità con il pubblico. Le persone sono più inclini a essere persuase da coloro che percepiscono come affidabili, competenti e onesti. Pertanto, è importante per i persuasori essere trasparenti e fornire informazioni accurate e verificabili. Essere un esperto nel campo in cui si sta cercando di persuadere può anche aumentare la credibilità e la persuasione.

Un'altra strategia efficace è quella di adattare il messaggio alle esigenze e ai desideri del pubblico. La persuasione richiede la comprensione delle motivazioni e degli interessi delle persone che si cercano di influenzare. Adattare il messaggio alle loro esigenze e dimostrare come ciò che si propone può soddisfare tali esigenze può aumentare l'efficacia persuasiva. Ad esempio, se si sta cercando di convincere qualcuno ad acquistare un prodotto, è importante presentare i benefici e le caratteristiche del prodotto che rispondono alle loro esigenze specifiche. Mostrare come il prodotto può migliorare la loro vita o risolvere un problema specifico che renderà più inclini ad accettare la proposta.

L'uso di prove sociali è un'altra tecnica persuasiva efficace. Le persone tendono a prendere decisioni basandosi su ciò che gli altri stanno facendo o pensando. La presenza di testimonianze, recensioni o consensi positivi può influenzare le persone a seguire l'esempio degli altri. Ad esempio, nelle campagne pubblicitarie, l'utilizzo di celebrità o influencer può fornire un forte impatto persuasivo, poiché le persone sono influenzate dal fatto che figura di riferimento che ammirano stiano promuovendo un prodotto o un'idea.

Un altro elemento importante della persuasione è l'abilità di creare un legame emotivo con il pubblico. Le emozioni giocano un ruolo significativo nelle decisioni e le persone sono più inclini a essere persuase quando il messaggio suscita emozioni positive o affini. Ad esempio, nel campo del marketing, l'utilizzo di immagini o storie coinvolgenti che evocano emozioni come la felicità, la gioia o la gratitudine può influenzare positivamente l'atteggiamento delle persone nei confronti di un prodotto o un marchio.

Lo psicologo sociale Robert Cialdini ha identificato sei principi fondamentali della persuasione che sono ampiamente riconosciuti e utilizzati nel campo della comunicazione persuasiva. Questi principi sono reciprocità, impegno e coerenza, prova sociale, simpatia, autorità e scarsità.

Il principio della reciprocità si basa sulla tendenza umana a restituire un favore o un gesto positivo a chi ci ha fatto qualcosa di gentile o utile. Le persone tendono a sentirsi obbligate a corrispondere al bene ricevuto. Ad esempio, quando ci viene offerto un campione gratuito di un prodotto, ci sentiamo spinti a ricambiare acquistandolo. I persuasori possono sfruttare questo principio offrendo qualcosa di valore o facendo un gesto gentile per creare un senso di obbligo nel destinatario.

Il principio dell'impegno e della coerenza si basa sulla tendenza delle persone a mantenere la coerenza tra ciò che dicono e ciò che fanno. Una volta che ci si è impegnati verbalmente o devono su qualcosa, si tende a comportarsi in modo coerente con tale impegno. Ad esempio, quando si firma una petizione o si fa un piccolo impegno, ci si sente più inclini a sostenere ulteriormente quella causa o ad adottare comportamenti con l'impegno preso. I persuasori possono utilizzare questa tecnica facendo in modo che le persone si impegnino inizialmente in piccole azioni o dichiarazioni che le portino ad adottare azioni con l'obiettivo finale.

Il principio della prova sociale si basa sul fatto che le persone tendono a seguire il comportamento degli altri quando non sono sicure di come agire. Le testimonianze, le recensioni positive o la dimostrazione di un'ampia adesione possono influenzare le persone a seguire l'esempio degli altri. Ad esempio, la presenza di una lunga fila di clienti di fronte a un ristorante può suggerire che quel posto sia di qualità e convincere altre persone a provare il ristorante. I persuasori possono utilizzare questo principio fornendo testimonianze, statistiche o esempi che dimostrano l'adesione di altre persone al loro punto di vista o comportamento desiderato.

Il principio della simpatia si basa sulla tendenza delle persone a essere più facilmente influenzate da coloro che percepiscono come simpatici o affini a loro. Le persone tendono a fidarsi e ad essere persuase da coloro che potrebbero essere amichevoli, attraenti o che presentano caratteristiche simili alle loro. Ad esempio, un venditore amichevole e cordiale è più probabile che riesca a persuadere un cliente. I persuasori possono utilizzare la simpatia creando un'atmosfera piacevole.

Inoltre, l'aspetto fisico può anche giocare un ruolo nella simpatia. Le persone tendono ad essere attratte da persone che potrebbero essere attraenti o esteticamente piacevoli. La presenza di caratteristiche fisiche attraenti può suscitare una reazione positiva e favorire la persuasione. Tuttavia, è importante notare che la simpatia non si limita solo all'aspetto fisico, ma coinvolge anche comportamenti e atteggiamenti positivi.

Tuttavia, è importante sottolineare che l'utilizzo della simpatia nella persuasione dovrebbe essere etico e autentico. È fondamentale che la simpatia sia genuina e che non sia manipolata o usata in modo ingannevole per ottenere un vantaggio a spese degli altri. La fiducia e l'integrità sono elementi essenziali per stabilire e mantenere relazioni di successo basate sulla persuasione.

La persuasione verbale sfrutta il potere delle parole e del linguaggio per influenzare le credenze, le opinioni ei comportamenti delle persone. Esistono diverse tecniche di persuasione verbale che possono essere utilizzate in vari contesti, come la pubblicità, la politica, il marketing e le relazioni personali. Esploriamo alcune di queste tecniche e come possono essere impiegate per persuadere gli altri.

Una tecnica di persuasione verbale efficace è l'uso di storie. Le storie sono un modo potente per coinvolgere e connettersi emotivamente con il pubblico. Le persone tendono a ricordare meglio le storie rispetto ai fatti o alle informazioni astratte. Un narratore capace può utilizzare storie coinvolgenti per illustrare un punto, presentare un problema e offrire una soluzione. Le storie possono suscitare emozioni, creare un senso di identificazione e generare un impatto duraturo. Ad esempio, nella pubblicità, l'uso di storie coinvolgenti può catturare l'attenzione del pubblico e influenzare le loro percezioni e comportamenti nei confronti di un prodotto o di un marchio.

Un altro aspetto importante della persuasione verbale è la scelta delle parole. Le parole possono avere un impatto significativo sulla percezione e sull'efficacia persuasiva di un messaggio. Ad esempio, l'utilizzo di parole positive e connotazioni positive può influenzare positivamente l'atteggiamento del pubblico. Le parole possono essere selezionate per creare un'associazione positiva o evocare emozioni specifiche. Ad esempio, anziché utilizzare parole come "costoso", si può preferire "investimento di valore". La scelta delle parole può influenzare la percezione del pubblico e rendere il messaggio più attraente e persuasivo.

Le tecniche di framing sono un'altra strategia di persuasione verbale potente. Il framing consiste nell'impostare o presentare un messaggio in modo da influenzare la percezione o la valutazione di un'informazione. Ciò può essere fatto attraverso l'enfasi di determinati aspetti, la selezione di prospettive specifiche o la presentazione di alternative contrastanti. Ad esempio, un messaggio che mette in evidenza i benefici di un prodotto può essere più persuasivo rispetto a uno che sottolinea le caratteristiche tecniche. Il framing può influenzare la percezione delle persone su un problema, una situazione o un'idea e guidare le loro decisioni e azioni.

Oltre alle tecniche specifiche, la persuasione verbale richiede anche un'abilità comunicativa efficace. Un comunicatore persuasivo deve essere in grado di adattarsi al suo pubblico, utilizzare una comunicazione chiara e coinvolgente e competenza ed empatia.

La comunicazione non verbale gioca un ruolo cruciale nella persuasione, influenzando il modo in cui le persone interpretano un messaggio e prendono decisioni. Il linguaggio del corpo, il contatto visivo e le espressioni facciali possono trasmettere informazioni e suscitare emozioni che possono influenzare le credenze, le opinioni ei comportamenti delle persone.

Capitolo 4: L'Arte del Linguaggio del Corpo: Comunicazione Non Verbale e Manipolazione

Il linguaggio del corpo è una forma di comunicazione non verbale che coinvolge i gesti, la postura ei movimenti fisici. I gesti possono essere utilizzati per enfatizzare un punto, sottolineare l'importanza di un'idea o stabilire connessione con il pubblico. Ad esempio, gesti ampi e aperti possono creare un senso di fiducia e apertura, mentre gesti più piccoli e controllati possono essere utilizzati per indicare precisione o dettagli. La postura può anche comunicare potere, fiducia o sottomissione. Ad esempio, una postura eretta e aperta può trasmettere autorevolezza, mentre una postura chiusa e contratta può essere interpretata come insicurezza o timidezza.

Il contatto visivo è un altro elemento chiave della comunicazione non verbale. Lo sguardo e il contatto visivo possono influenzare la percezione e la connessione con l'interlocutore. conservare un contatto visivo diretto può trasmettere fiducia, sincerità e interesse. Può anche dimostrare rispetto e riconoscimento verso l'altro individuo. Tuttavia, è importante bilanciare il contatto visivo in modo appropriato, evitando di essere troppo invasivi o di fissare in modo eccessivo l'altra persona, il che potrebbe essere interpretato come aggressivo o inappropriato.

Le espressioni facciali sono uno strumento potente nella persuasione non verbale. Il nostro volto è in grado di trasmettere una vasta gamma di emozioni e può influenzare la percezione degli altri su di noi e sul nostro messaggio. Un'espressione facciale sincera e positiva può contribuire a creare un clima di fiducia e a far sentire gli altri più a proprio agio. Ad esempio, un sorriso genuino può generare simpatia e apertura verso il persuasore. D'altra parte, un'espressione facciale fredda o scettica può creare distanza e diffidenza.

L'uso efficace della comunicazione non verbale richiede una consapevolezza di sé e degli altri. È importante essere consapevoli dei nostri gesti, della postura e delle espressioni facciali durante una situazione persuasiva. Essere in grado di leggere anche i segnali non verbali degli altri può aiutare ad adattare la propria comunicazione e adottare le giuste strategie persuasive. Ad esempio, se si nota che l'interlocutore si sta chiudendo o si sta mettendo a disagio, si può cercare di regolare la propria comunicazione.

La fiducia e la credibilità sono elementi fondamentali nella persuasione. Quando le persone percepiscono il persuasore come affidabile, competente e onesto, sono più propesi ad accettare e ad essere influenzate dal loro messaggio. Costruire fiducia e credibilità richiede un impegno continuo nell'instaurare relazioni sincere e autentiche con il pubblico di riferimento. Esploriamo come la fiducia e la credibilità possono essere costruite e utilizzate per aumentare l'efficacia della persuasione.

Prima di tutto, la coerenza tra le parole e le azioni è fondamentale per costruire la fiducia. I persuasori devono mantenere una coerenza tra ciò che dicono e ciò che fanno. Le promesse devono essere mantenute, gli impegni rispettati e le azioni devono essere allineate con i valori e le intenzioni dichiarate. Quando le persone percepiscono che c'è una congruenza tra ciò che il persuasore dice e ciò che fa, si sviluppa un senso di affidabilità che contribuisce alla costruzione della fiducia.

Inoltre, la trasparenza e l'apertura sono importanti per costruire la fiducia. I persuasori devono essere aperti riguardo alle proprie intenzioni, alle informazioni che forniscono e alle modalità con cui perseguono i propri obiettivi. La mancanza di trasparenza può minare la fiducia e creare sospetto. Essere aperti nel comunicare le proprie ragioni ei propri processi decisionali può aiutare a creare un ambiente di fiducia in cui le persone si sentano più disposte ad ascoltare ea essere influenzate.

La competenza e l'autorevolezza sono anche elementi chiave per costruire la credibilità. I persuasori devono dimostrare una conoscenza approfondita del loro campo e delle questioni trattate. L'uso di dati, statistiche, ricerche o esperienze pertinenti può sottolineare la competenza e l'autorevolezza del persuasore. Ad esempio, un esperto di salute che fornisce informazioni accurate e supportate da evidenze scientifiche sarà considerato più credibile rispetto a qualcuno che offre solo opinioni personali. Dimostrare competenza può contribuire a costruire la fiducia e a rendere il messaggio più persuasivo.

Inoltre, l'empatia è un fattore importante nella costruzione della fiducia. Mostrare interesse e comprensione verso le esigenze, le preoccupazioni e le prospettive degli altri può contribuire a stabilire una connessione emotiva e a costruire fiducia reciproca. I persuasori devono dimostrare di ascoltare attentamente il pubblico, di prendere in considerazione le sue esigenze e di rispondere in modo appropriato.

Sviluppare abilità di persuasione efficaci richiede pratica e consapevolezza. Ci sono diversi esercizi e tecniche pratiche che possono essere utilizzati per migliorare le abilità di persuasione e aumentare l'efficacia nella comunicazione persuasiva. Esploriamo alcuni di questi esercizi e tecniche.

Gioco di ruolo: Il gioco di ruolo è un esercizio in cui si simulano situazioni di persuasione con un partner. Si può scegliere un argomento specifico da trattare e recitare sia il ruolo del persuasore che quello dell'interlocutore. Questo esercizio aiuta a sviluppare la capacità di adattarsi a diverse prospettive, affinare le tecniche persuasive e migliorare la capacità di rispondere in modo efficace alle obiezioni.

Analisi delle tecniche persuasive: Un modo per migliorare le abilità persuasive è studiare e analizzare le tecniche utilizzate da oratori esperti, venditori di successo o leader carismatici. Si può guardare discorsi, presentazioni o annunci pubblicitari e cercare di identificare le tecniche persuasive utilizzate. Si può prendere nota degli elementi chiave, come l'uso di storie, prove sociali o framing, e cercare di comprendere come influenzano il pubblico.

Pratica del linguaggio del corpo: Il linguaggio del corpo gioca un ruolo importante nella persuasione. Si possono fare esercizi per migliorare la consapevolezza e il controllo del proprio linguaggio del corpo. Ad esempio, si può registrare un discorso o una presentazione e rivedere le proprie espressioni facciali, gesti e postura. Si possono fare modifiche per apparire più fiduciosi, aperti ed energici.

Feedback e autovalutazione: Chiedere feedback a persone di fiducia può essere molto utile per migliorare le abilità persuasive. Si può chiedere loro di valutare la chiarezza del messaggio, l'espressa e l'impatto generale. Inoltre, si può fare un'autovalutazione sincera dopo ogni interazione persuasiva, cercando di individuare punti di forza e aree di miglioramento. L'autovalutazione consapevole permette di identificare eventuali lacune e lavorare su di esse.

Ascolto attivo: L'ascolto attivo è una competenza fondamentale per la persuasione. Si può esercitare l'ascolto attivo cercando di porre domande aperte, riflettere le risposte e mostrare un interesse genuino per le opinioni e le preoccupazioni dell'interlocutore. L'ascolto attivo crea un ambiente di fiducia e apertura che favorisce la persuasione efficace.

Capitolo 5 :Tecniche di Manipolazione Subliminale: L'Influenza Invisibile

Definizione di Manipolazione Subliminale: Spiegazione del concetto di manipolazione subliminale e del suo ruolo nella persuasione e nell'influenza invisibile.

La manipolazione subliminale si riferisce all'uso di stimoli impercettibili o appena percettibili per influenzare le persone senza che ne siano consapevoli. Questi stimoli possono essere presentati in modo rapido, sfocato o nascosto nell'ambiente visivo o uditivo delle persone. La manipolazione subliminale sfrutta la nostra mente inconscia, che è molto più suscettibile alle influenze sottili e sfumate rispetto alla nostra mente conscia.

L'influenza subliminale è stata oggetto di dibattito e controversie per decenni. Alcuni sostengono che l'influenza subliminale sia un potente strumento di persuasione, mentre altri potrebbero le sue effettive capacità di manipolazione molto limitate o addirittura inefficaci. Tuttavia, è importante comprendere che le tecniche di manipolazione subliminale sono state ampiamente utilizzate nella pubblicità, nel marketing e nei media.

Una delle forme più comuni di manipolazione subliminale è l'inserimento di immagini o messaggi subliminali all'interno di pubblicità o contenuti mediatici. Questi messaggi possono essere così veloci o sfocati da sfuggire alla consapevolezza consapevole, ma possono ancora raggiungere la mente inconscia e influenzare le percezioni ei comportamenti delle persone. Ad esempio, una pubblicità di cibo veloce potrebbe inserire immagini subliminali di cibo delizioso per stimolare il desiderio e aumentare le vendite.

Altri esempi di manipolazione subliminale includono l'utilizzo di suoni o musica che creano un certo stato emotivo, anche se non sono udibili in modo chiaro o consapevole. Questi suoni possono influenzare il nostro stato d'animo e le nostre reazioni emotive, senza che ne siamo consapevoli. Ad esempio, la musica rilassante può essere utilizzata in ambienti commerciali per creare un'atmosfera tranquilla e rilassante, che può influenzare positivamente l'esperienza dei clienti.

È importante notare che l'efficacia della manipolazione subliminale è ancora oggetto di dibattito tra gli studiosi. Alcune ricerche suggeriscono che gli stimoli subliminali possono influenzare sottilmente le percezioni ei comportamenti delle persone, mentre altre ricerche suggeriscono che tali influenze sono molto limitate e rilevate da una serie di fattori, come l'attenzione, l'interesse e l'esperienza individuale.

La psicologia del subconscio si riferisce alla parte della mente che opera al di sotto del livello di coscienza consapevole. È una sfera nascosta della nostra mente che influenza i nostri pensieri, emozioni e comportamenti senza che ne siamo necessariamente consapevoli. Il subconscio è il deposito delle nostre esperienze, credenze, desideri e motivazioni profonde.

Le informazioni subliminali si rivelano a stimoli che sono presentate in modo tale da sfuggire alla nostra consapevolezza conscia, ma che possono ancora essere percepiti dal nostro subconscio. Questi stimoli possono essere presentati in forma di immagini, parole, suoni o altri segnali sensoriali che sono al limite della nostra percezione conscia.

Le informazioni subliminali possono influenzare il comportamento senza che ne siamo consapevoli perché sono elaborate direttamente dal nostro subconscio. Mentre la nostra mente conscia è in grado di filtrare e razionalizzare le informazioni, il subconscio accoglie e assimila queste informazioni senza valutarle criticamente. Questo permette alle informazioni subliminali di bypassare le nostre difese cognitive e influenzare il nostro comportamento in modi sottili e impercettibili.

L'influenza delle informazioni subliminali sul comportamento può avvenire attraverso vari meccanismi. Ad esempio, possono essere utilizzate per suscitare desideri, creare aspettative, emozioni modulari o influenzare le nostre decisioni. Le informazioni subliminali possono essere utilizzate per creare associazioni positive o negative con determinati prodotti o marchi, influenzare le nostre preferenze o indirizzare le nostre scelte.

Tuttavia, è importante notare che l'efficacia delle informazioni subliminali è ancora oggetto di dibattito tra gli studiosi. Alcune ricerche suggeriscono che le informazioni subliminali possono influenzare il comportamento in modo sottile, ma i loro effetti sono generalmente deboli e evidenti da una serie di fattori, come l'attenzione, l'interesse e l'esperienza individuale. Altre ricerche suggeriscono che le informazioni subliminali possono essere in gran parte inefficaci e che gli effetti osservati possono essere attribuiti a fenomeni di suggestione o aspettative.

Nel mondo moderno, dove siamo costantemente bombardati da informazioni e influenze, è importante essere consapevoli delle tattiche subliminali utilizzate per influenzare le nostre opinioni ei nostri comportamenti. Qui ci sono alcuni consigli e strategie per proteggersi dalla manipolazione subliminale:

Sviluppare consapevolezza: La consapevolezza è fondamentale per riconoscere la manipolazione subliminale. Imparare ad osservare attentamente gli stimoli che ci colpiscono, come messaggi pubblicitari, annunci, media e comunicazioni, ci aiuta a individuare eventuali segnali subliminali o manipolativi. Essere consapevoli dei nostri pensieri, emozioni e comportamenti ci rende meno suscettibili alla manipolazione subliminale.

Imparare a leggere il linguaggio del corpo: Essere in grado di interpretare il linguaggio del corpo degli altri può aiutare a rilevare segnali subliminali. Osservare le espressioni facciali, i gesti e la postura può fornire indizi sulla sincerità o sulla manipolazione nascosta. Ad esempio, se qualcuno cerca di nascondere le proprie emozioni o agisce in modo incoerente con ciò che dice, potrebbe essere un segnale di manipolazione subliminale.

Fidarsi del proprio istinto: Se qualcosa non sembra giusto o si avverte un senso di disagio, è importante fidarsi del proprio istinto. L'istinto può essere un potente strumento per riconoscere manipolazioni subliminali. Sebbene sia importante valutare le situazioni in modo razionale, non bisogna ignorare le sensazioni viscerali che possono indicare tentativi di manipolazione.

Fare domande e cercare prove: Non accettare semplicemente ciò che viene presentato. Fare domande, cercare prove e informazioni aggiuntive può aiutare a sfidare la manipolazione subliminale. Chiedere spiegazioni, verificare le fonti e confrontare diverse prospettive possono fornire una visione più obiettiva della situazione e prevenire l'influenza subliminale.

conservare uno spirito critico: Sviluppare uno spirito critico è essenziale per proteggersi dalla manipolazione subliminale. Imparare a valutare le argomentazioni, ad analizzare le prove ea riconoscere i trucchi persuasivi può aiutare a respingere l'influenza subliminale. Ricordarsi di prendere decisioni basate sulla propria logica e ragionamento anziché essere influenzati da tattiche subliminali.

Ridurre l'esposizione a stimoli manipolativi: Ridurre l'esposizione a stimoli manipolativi può essere un modo efficace per proteggersi. Limitare il tempo trascorso davanti alla televisione, evitare pubblicità ingannevoli e selezionare con cura i contenuti a cui si è esposti sono alcune strategie per ridurre l'esposizione a stimoli manipolativi. Ad esempio, si può optare per fonti di informazione affidabili e imparziali, evitando siti web o social media che diffondono notizie false o distorte. Inoltre, è consigliabile sviluppare una consapevolezza critica riguardo alle tecniche di marketing e pubblicità, che spesso utilizzano messaggi subliminali per influenzare il comportamento dei consumatori.

Coltivare l'autostima e la fiducia in se stessi: Avere un'autostima solida e una buona fiducia in se stessi può renderci meno vulnerabili alla manipolazione subliminale. Quando abbiamo una sana autostima, siamo più in grado di difendere le nostre opinioni, valori e desideri senza essere influenzati negativamente dagli altri. Coltivare un senso di autenticità e fiducia nelle proprie capacità ci aiuta a prendere decisioni consapevoli e resistere alla manipolazione.

Educarsi sulla manipolazione subliminale: Conoscere le tattiche e le strategie utilizzate nella manipolazione subliminale può essere un modo efficace per proteggersi. Leggere libri, seguire corsi o informarsi sulle tecniche di persuasione e manipolazione subliminale può fornire una maggiore consapevolezza delle dinamiche coinvolte e rendere più difficile essere influenzati senza consapevolezza.

mantenere relazioni basate sulla fiducia reciproca: In ambito relazionale, è importante mantenere relazioni basate sulla fiducia e la comunicazione aperta. Le persone che cercano di manipolare subliminalmente tendono a sfruttare situazioni di inconveniente o dipendenza. Creare relazioni basate sulla fiducia e il rispetto reciproco ci aiuta a riconoscere quando qualcuno sta cercando di manipolarci ea mettere dei limiti chiari per proteggerci.

In conclusione, proteggersi dalla manipolazione subliminale richiede consapevolezza, una mente critica e una buona conoscenza delle tattiche utilizzate. Sviluppare la capacità di riconoscere i segnali subliminali, fidarsi del proprio istinto e adottare strategie per ridurre l'esposizione a stimoli manipolativi sono tutti passi importanti per proteggere la propria autonomia e prendere decisioni informate e consapevoli.

Capitolo 6:Manipolazione attraverso l'Intelligenza Emotiva: Gestione e Controllo delle Emozioni

Introduzione all'Intelligenza Emotiva: Spiegazione del concetto di intelligenza emotiva e del suo ruolo nell'interazione e nell'influenza umana

L'intelligenza emotiva è un concetto che si riferisce alla capacità di riconoscere, comprendere e gestire le proprie emozioni, nonché le emozioni degli altri. È una forma di intelligenza sociale che influisce sul modo in cui ci relazioniamo con gli altri e come influenziamo le loro emozioni. L'intelligenza emotiva è composta da diverse componenti, tra cui la consapevolezza emotiva, la regolazione emotiva, la motivazione emotiva, l'empatia e le abilità sociali.

Nell'interazione umana, l'intelligenza emotiva svolge un ruolo fondamentale nella comunicazione e nell'influenza. Essa permette alle persone di comprendere le emozioni degli altri, di comunicare in modo empatico e di gestire le proprie emozioni in modo appropriato. Tuttavia, l'intelligenza emotiva può anche essere utilizzata come strumento di manipolazione attraverso la gestione e il controllo delle emozioni.

La manipolazione attraverso l'intelligenza emotiva coinvolge l'uso delle emozioni per influenzare e controllare gli altri a proprio vantaggio. Chi utilizza questa forma di manipolazione può cercare di suscitare emozioni specifiche negli altri, come la paura, l'insicurezza o il senso di colpa, al fine di ottenere il controllo o l'adesione alle proprie richieste. Questo può essere fatto attraverso diverse strategie.

Riconoscimento delle emozioni altrui: Chi ha una buona intelligenza emotiva può leggere le emozioni degli altri attraverso l'osservazione delle espressioni facciali, del linguaggio del corpo e delle parole utilizzate. Questa capacità permette di comprendere meglio i punti deboli oi desideri delle persone, che possono poi essere sfruttati per influenzarle.

Empatia selettiva: Chi manipola attraverso l'intelligenza emotiva può mostrare empatia solo quando è vantaggioso per i propri scopi. Ad esempio, una persona può simulare l'empatia per suscitare un senso di fiducia o connessione emotiva, ma in realtà usa queste emozioni per ottenere un vantaggio personale.

Gestione delle proprie emozioni: Chi manipola attraverso l'intelligenza emotiva può sfruttare la propria capacità di regolare e controllare le proprie emozioni per creare un'atmosfera o una dinamica che favorisce la manipolazione. Ad esempio, una persona può mostrarsi calma e sicura di sé per influenzare gli altri a seguire le sue idee o richieste.

Tuttavia, è importante sottolineare che l'utilizzo della manipolazione attraverso l'intelligenza emotiva è eticamente discutibile e dannoso per le relazioni interpersonali. L'uso manipolativo delle emozioni degli altri non solo compromette la fiducia e il rispetto reciproco, ma può anche causare danni emotivi e psicologici a lungo termine.

L'autocomprensione emotiva, o la capacità di riconoscere, comprendere e gestire le proprie emozioni, svolge un ruolo fondamentale nel nostro benessere emotivo e nelle interazioni con gli altri. Quando siamo consapevoli delle nostre emozioni, siamo in grado di comprendere meglio come queste influenzano i nostri pensieri, le nostre azioni e le nostre reazioni.

Nel contesto della manipolazione, la consapevolezza delle proprie emozioni svolge un ruolo cruciale nel proteggere se stessi da influenze manipolative esterne. Ecco perché è importante comprendere le proprie emozioni e sviluppare l'autocomprensione emotiva.

Riconoscere le emozioni: La consapevolezza delle proprie emozioni inizia con la capacità di riconoscerle. Spesso, le emozioni possono essere complesse e sfumate, ma quando siamo in grado di identificarle e dar loro un nome, ci permettiamo di esplorarle in modo più approfondito. Ad esempio, riconoscere la rabbia, la tristezza o la gioia in determinate situazioni ci aiuta a comprendere come queste emozioni influenzano il nostro stato d'animo e le nostre reazioni.

Comprendere le origini delle emozioni: Oltre a riconoscere le emozioni, è importante comprendere le radici o le cause di queste emozioni. Potrebbero essere legati a esperienze passate, a eventi attuali o a interazioni con gli altri. Conoscere le origini delle nostre emozioni ci aiuta a capire meglio come siamo stati influenzati e quali aspetti delle nostre vite possono essere vulnerabili alla manipolazione emotiva.

Gestire le emozioni in modo sano: L'autocomprensione emotiva ci permette anche di sviluppare strategie per gestire le emozioni in modo sano ed efficace. Quando siamo consapevoli delle nostre emozioni, possiamo adottare tecniche di regolazione emotiva come la respirazione profonda, la meditazione o l'esercizio fisico per affrontare lo stress e l'ansia. Ciò ci rende meno vulnerabili alle tattiche manipolative che cercano di sfruttare le nostre emozioni negative.

Identificare le strategie manipolative: Essere consapevoli delle proprie emozioni ci aiuta anche a riconoscere quando qualcuno sta cercando di manipolarci attraverso le emozioni. Ad esempio, potremmo notare quando qualcuno cerca di sfruttare la nostra paura o la nostra colpa per ottenere il nostro consenso o la nostra adesione. Essere consapevoli di queste strategie manipolative ci dà il potere di resistere e di proteggerci.

Costruire l'autostima e la fiducia in se stessi: L'autocomprensione emotiva aiuta anche a costruire l'autostima e la fiducia in se stessi. Quando siamo consapevoli delle nostre emozioni e riusciamo a gestirle in modo sano, ci sentiamo più sicuri di noi stessi e delle nostre capacità. Questo ci rende meno suscettibili alla manipolazione emotiva, in quanto siamo in grado di prendere decisioni autonome e assertive basate sulla nostra autenticità e sui nostri valori.

La capacità di leggere e interpretare le emozioni altrui è una competenza cruciale per comprendere e influenzare efficacemente gli altri. Essere in grado di riconoscere le emozioni delle persone attraverso l'osservazione di segnali non verbali e verbali può fornire preziose informazioni sul loro stato emotivo, le loro intenzioni ei loro bisogni. Questa abilità è fondamentale per la manipolazione emotiva, ma può anche essere utilizzata per sviluppare relazioni empatiche e costruttive. Ecco alcune tecniche per riconoscere e comprendere le emozioni degli altri:

Osserva le espressioni facciali: Il volto è un potente indicatore delle emozioni umane. Osserva attentamente le espressioni facciali di una persona, come le rughe sulla fronte, le labbra strette o i sorrisi, per identificare le emozioni che potrebbero essere in gioco. Ad esempio, un sopracciglio aggrottato può suggerire confusione o preoccupazione, mentre un sorriso genuino potrebbe indicare gioia o felicità.

Presta attenzione al linguaggio del corpo: Il corpo può rivelare molto sulle emozioni di una persona. Osserva la postura, i gesti, il movimento e la direzione del corpo. Se una persona si inclina verso di te, è segno di interesse e coinvolgimento emotivo. Al contrario, se si chiude o si allontana, potrebbe essere segno di disagio o distanza emotiva.

Ascolta attentamente il tono e l'intonazione della voce: La voce può trasmettere una vasta gamma di emozioni. Presta attenzione al tono e all'intonazione della voce di una persona per rilevare eventuali segnali emotivi. Un tono di voce tremante o debole può indicare paura o insicurezza, mentre un tono di voce deciso e sicuro può indicare determinazione o fiducia.

Riconosci i segnali verbali: Le parole possono essere indicatori potenti delle emozioni. Cerca di cogliere gli indizi verbali, come le scelte di parole, le metafore o le espressioni linguistiche che una persona utilizza per comunicare le sue emozioni. Ad esempio, se qualcuno parla di sentimenti di frustrazione o delusione, potrebbe suggerire che sta provando queste emozioni.

Mettiti nei loro panni: L'empatia è una capacità essenziale per comprendere le emozioni degli altri. Cerca di metterti nei panni dell'altra persona, cercando di comprendere il suo punto di vista e le sue esperienze. Immagina come potrebbe sentirsi in determinate situazioni e cerca di rispecchiare quelle emozioni nella tua comprensione.

Poni domande aperte: Per ottenere una migliore comprensione delle emozioni altrui, fai domande aperte che incoraggino la persona a esprimere le proprie emozioni in modo esplicito. Ad esempio, puoi chiedere: "Come ti senti riguardo a questa situazione?" o "Quali emozioni stai provando in questo momento?". Le domande aperte offrono spazio per una risposta dettagliata e consentono alla persona di esprimere le proprie emozioni in modo più completo.

La gestione e il controllo delle emozioni sono abilità fondamentali che influenzano il nostro benessere emotivo, le nostre relazioni interpersonali e la nostra capacità di influenzare gli altri. Nel contesto della manipolazione emotiva, queste abilità diventano strumenti potenti per influenzare e controllare le emozioni delle persone.

Gestione delle proprie emozioni: La gestione delle proprie emozioni implica la capacità di riconoscere, accettare e regolare le emozioni in modo sano ed efficace. Quando siamo consapevoli delle nostre emozioni, possiamo adottare strategie per gestirle in modo costruttivo anziché permettere loro di controllarci. Questo può includere tecniche come la respirazione profonda, la meditazione, l'attività fisica o l'arte dell'espressione emotiva. La gestione delle proprie emozioni consente di mantenere un equilibrio emotivo e di prendere decisioni più consapevoli, riducendo così la vulnerabilità alla manipolazione emotiva.

Controllo delle proprie emozioni: Il controllo delle proprie emozioni va oltre la semplice gestione e implica la capacità di regolare le proprie risposte emotive in base al contesto e agli obiettivi desiderati. Questo richiede autoconsapevolezza, autoregolazione e la capacità di adottare prospettive diverse. Essere in grado di controllare le proprie emozioni consente di comunicare in modo assertivo, prendere decisioni razionali e agire in modo coerente con i propri valori, riducendo così la possibilità di essere influenzati negativamente da tattiche manipolative.

Empatia e comprensione delle emozioni altrui: La capacità di comprendere e riconoscere le emozioni degli altri è un aspetto essenziale nella gestione e nel controllo delle emozioni. L'empatia ci consente di metterci nei panni degli altri e di comprendere le loro prospettive ei loro bisogni emotivi. Quando siamo in grado di comprendere le emozioni altrui, siamo più attenti alle tattiche manipolative che potrebbero essere utilizzate per influenzarle e possiamo rispondere in modo appropriato e consapevole.

Consapevolezza dei trigger emotivi: I trigger emotivi sono situazioni, parole o azioni che possono scatenare reazioni emotive intense. Essi possono essere utilizzati come leva nella manipolazione emotiva. Essere consapevoli dei nostri trigger emotivi ci consente di riconoscerli e di gestire le nostre reazioni in modo adeguato. Dobbiamo adottare strategie preventive come la riduzione dello stress, la comunicazione aperta e l'auto-riflessione per affrontare i trigger emotivi in modo più equilibrato, riducendo così la debolezza alla manipolazione.

Sviluppo dell'intelligenza emotiva: L'intelligenza emotiva è un aspetto fondamentale nella gestione e nel controllo delle emozioni. Si tratta della capacità di comprendere, gestire e utilizzare in modo efficace le emozioni, sia proprie che altrui. Chi possiede un alto livello di intelligenza emotiva ha una consapevolezza acuta delle proprie emozioni e delle emozioni degli altri, ed è in grado di utilizzarle in modo strategico per influenzare le situazioni e le persone.

L'intelligenza emotiva è una capacità preziosa per influenzare gli altri in modo efficace. Quando siamo in grado di comprendere e gestire le emozioni, possiamo utilizzare questa consapevolezza per creare connessioni significative, suscitare fiducia e convincere gli altri ad adottare le nostre idee o azioni. Ecco come l'intelligenza emotiva può essere utilizzata nella persuasione:

Empatia e comprensione delle esigenze degli altri: Una componente chiave dell'intelligenza emotiva è l'empatia, la capacità di mettersi nei panni degli altri e comprendere le loro esperienze ed emozioni. Utilizzando l'empatia, possiamo identificare le esigenze, i desideri e le preoccupazioni degli altri. Questo ci consente di adattare il nostro messaggio in modo da risuonare con le loro emozioni e motivazioni, aumentando così la probabilità di persuasione.

Creazione di connessioni emotive: Le decisioni umane sono spesso guidate da emozioni. Quando siamo in grado di creare connessioni emotive con gli altri, siamo più in grado di influenzarli. Utilizzando l'intelligenza emotiva, possiamo comunicare in modo autentico, mostrando empatia, comprensione e interesse per le persone con cui interagiamo. Questo crea un ambiente di fiducia e connessione emotiva, rendendo più probabile che le persone siano aperte e disponibili ad accettare il nostro punto di vista.

Gestione delle proprie emozioni: La gestione delle proprie emozioni è essenziale per influenzare gli altri. Quando siamo in grado di controllare le nostre emozioni e comunicare in modo assertivo e rispettoso, siamo più persuasivi. Le persone sono più propense ad ascoltare e seguire una persona che dimostra calma, fiducia e controllo emotivo. Questo crea un ambiente in cui il nostro messaggio è accolto e considerato in modo più positivo.

Utilizzo della narrazione emotiva: Le storie e le narrazioni sono potenti strumenti persuasivi che coinvolgono le emozioni delle persone. Utilizzando l'intelligenza emotiva, possiamo creare storie che evocano emozioni specifiche, connettendo il nostro messaggio con esperienze personali e valori condivisi. Le storie coinvolgono il sistema emotivo delle persone, rendendo più probabile che siano motivate ad agire in base alle nostre richieste o suggerimenti.

Adattamento del linguaggio emotivo: utilizzando l'intelligenza emotiva, possiamo adattare il nostro linguaggio e il tono di voce per suscitare emozioni specifiche negli altri. Possiamo utilizzare parole ed espressioni che evocano emozioni positive o sollecitano una risposta emotiva desiderata. Questo aiuta a creare un'atmosfera emotiva favorevole alla persuasione.

L'intelligenza emotiva è una competenza potente che può essere utilizzata per comprendere, gestire e influenzare le emozioni, sia proprie che degli altri. Tuttavia, come per qualsiasi strumento, l'utilizzo dell'intelligenza emotiva solleva importanti questioni etiche quando viene applicata per scopi manipolativi. È fondamentale considerare attentamente le implicazioni etiche prima di utilizzare l'intelligenza emotiva per influenzare gli altri. Ecco alcune considerazioni cruciali:

Autenticità e manipolazione: L'etica dell'utilizzo dell'intelligenza emotiva per la manipolazione della ruota attorno alla questione dell'autenticità. Quando si utilizza l'intelligenza emotiva per manipolare le emozioni degli altri, si rischia di compromettere l'autenticità delle relazioni e delle interazioni. La manipolazione emotiva può portare a una perdita di fiducia e alla minaccia della reciproca comprensione e connessione. È importante chiedersi se l'utilizzo dell'intelligenza emotiva per manipolare gli altri sia in linea con i nostri valori di sincerità e integrità.

Violazione del consenso: Un altro aspetto etico critico riguarda il rispetto del consenso. L'utilizzo dell'intelligenza emotiva per influenzare le emozioni degli altri senza il loro consenso può essere considerato una violazione dell'autonomia e del diritto all'autodeterminazione. È importante considerare se le nostre intenzioni di manipolare le emozioni degli altri siano necessarie con il rispetto dei loro diritti e delle loro scelte individuali.

Potere e disuguaglianza: L'utilizzo dell'intelligenza emotiva per manipolare le emozioni degli altri solleva anche preoccupazioni in termini di potere e disuguaglianza. Chi ha una maggiore competenza nell'intelligenza emotiva potrebbe sfruttare questa capacità per manipolare e controllare le emozioni delle persone meno consapevoli o vulnerabili. È importante considerare le implicazioni di potere e cercare di utilizzare l'intelligenza emotiva in modo etico, evitando di sfruttare le debolezze o le infermità degli altri.

Consenso informato: L'etica dell'utilizzo dell'intelligenza emotiva per la manipolazione richiede anche una riflessione sul consenso informato. È fondamentale che le persone siano pienamente consapevoli dell'intenzione di influenzare le loro emozioni e abbiano una chiara comprensione delle implicazioni e delle conseguenze di tale influenza. Il mancato riconoscimento del consenso informato può compromettere la libertà di scelta e l'autonomia delle persone coinvolte.

Beneficio reciproco: Infine, è importante considerare se l'utilizzo dell'intelligenza emotiva per manipolare le emozioni degli altri sia veramente benefico per tutte le parti coinvolte. Mentre l'intelligenza emotiva può essere utilizzato per persuadere e influenzare gli altri, è essenziale valutare se tale influenza abbia un obiettivo etico e se porti un beneficio reciproco. La manipolazione emotiva che mira esclusivamente a vantaggi personali a spese degli altri non è etica. Dobbiamo considerare se l'utilizzo dell'intelligenza emotiva sia finalizzato a promuovere il benessere e il miglioramento delle relazioni, piuttosto che a ottenere un vantaggio egoistico.

L'intelligenza emotiva è una competenza che può essere sviluppata e migliorata con la pratica e l'esercizio. L'obiettivo è aumentare la consapevolezza delle nostre emozioni, comprendere i meccanismi emotivi degli altri e imparare a gestire in modo efficace le emozioni sia in noi stessi che negli altri. Ecco alcuni esercizi pratici che possono aiutare a sviluppare l'intelligenza emotiva:

Tenere un diario emotivo: Dedica del tempo ogni giorno per registrare le tue emozioni. Scrivi i dettagli delle tue esperienze emotive, inclusi i trigger, i pensieri associati e le risposte comportamentali. Questo esercizio aumenta la consapevolezza delle tue emozioni e ti aiuta a identificare i modelli ricorrenti. Puoi anche annotare le tue osservazioni sulle emozioni degli altri quando interagisci con loro.

Pratica la mindfulness: La mindfulness è una pratica che ti aiuta a rimanere presente nel momento presente e a osservare le tue emozioni senza giudizio. Dedica del tempo ogni giorno per esercitarti nella consapevolezza del tuo stato emotivo attuale. Osserva le tue emozioni senza cercare di cambiarle o reprimerle. Questo ti aiuterà a sviluppare una maggiore consapevolezza delle tue emozioni ea imparare a gestirle in modo efficace.

Sfida i tuoi pregiudizi emotivi: Prendi consapevolezza dei tuoi pregiudizi emotivi, cioè delle emozioni che tendono a provare automaticamente in risposta a determinate situazioni o persone. Fai un elenco di queste situazioni e persone e analizza le tue reazioni emotive. Chiediti se queste reazioni sono basate su fatti oggettivi o se sono influenzate da pregiudizi o esperienze passate. Sfida questi pregiudizi emotivi e cerca di adottare una prospettiva più aperta e imparziale.

Pratica l'ascolto empatico: L'ascolto empatico è un esercizio che ti aiuta a sviluppare la capacità di comprendere e rispondere alle emozioni degli altri. Durante le conversazioni, concentra la tua attenzione sulle emozioni che l'altra persona sta esprimendo. Fai domande per approfondire la loro esperienza emotiva e rifletti le loro emozioni per mostrare che le stai comprendendo. Questo esercizio ti aiuterà a sviluppare una maggiore sensibilità alle emozioni altrui ea costruire relazioni più empatiche.

Esplora l'arte dell'espressione emotiva: Esprimere le proprie emozioni in modo sano e appropriato è un aspetto cruciale dell'intelligenza emotiva. Sperimenta diverse forme di espressione emotiva come la scrittura, la pittura, la danza o la musica. Questi possono essere canali creativi per esprimere e elaborare le tue emozioni. Sperimenta diverse modalità di espressione e osserva come queste attività influenzano il tuo benessere emotivo.

Capitolo7:Tecniche Avanzate di Manipolazione:

L'Uso della PNL e dell'Ipnosi

Introduzione alla Programmazione Neuro-Linguistica (PNL): Presentazione del concetto di PNL, delle sue origini e del suo ruolo nella manipolazione e nella persuasione.

La Programmazione Neuro-Linguistica (PNL) è una disciplina che studia la connessione tra il pensiero, il linguaggio e i modelli comportamentali. Originariamente sviluppata negli anni '70 da Richard Bandler e John Grinder, la PNL si basa sull'idea che il modo in cui pensiamo, comunichiamo e agiamo influenzi il nostro comportamento e le nostre esperienze.

La PNL si concentra sull'osservazione e l'analisi dei modelli di pensiero e comportamento delle persone di successo, al fine di estrarre strategie e tecniche che possono essere apprese e applicate da chiunque. Queste strategie possono essere utilizzate per influenzare e persuadere gli altri in modo più efficace.

Un aspetto chiave della PNL è la comunicazione verbale e non verbale. Gli individui che praticano la PNL imparano ad ascoltare attentamente il linguaggio utilizzato dalle persone, come scelta di parole specifiche, tono di voce e ritmo del discorso. Inoltre, prestano attenzione ai segnali non verbali come i movimenti del corpo, le espressioni facciali e il contatto visivo. Questo permette loro di adattare la loro comunicazione per creare un rapporto più profondo e persuasivo con gli altri.

Una delle tecniche più comuni utilizzate nella PNL è la modellazione. Questo processo coinvolge lo studio approfondito di un individuo di successo e l'imitazione dei suoi modelli di pensiero, linguaggio e comportamento. Ad esempio, se un venditore di successo ha un modo particolare di avvicinarsi ai clienti e di presentare i suoi prodotti, una persona che pratica la PNL può imparare e adottare le stesse strategie per migliorare le proprie abilità di persuasione.

Un'altra tecnica associata alla PNL è la gestione degli stati emotivi. La PNL insegna a individuare e gestire le proprie emozioni e le emozioni degli altri. Attraverso l'utilizzo di tecniche di respirazione, visualizzazioni e cambiamenti di linguaggio interno, è possibile influenzare e modificare gli stati emotivi sia nelle persone stesse che negli altri. Ad esempio, un oratore che utilizza la PNL può utilizzare strategie per creare uno stato di eccitazione e motivazione nel pubblico, aumentando così l'efficacia del suo discorso persuasivo.

Oltre alla PNL, un'altra tecnica avanzata di manipolazione è l'ipnosi. L'ipnosi è uno stato di trance che consente all'individuo di accedere al suo subconscio in modo più diretto. Durante lo stato ipnotico, l'individuo è più suscettibile all'influenza e alla persuasione. L'ipnosi può essere utilizzata per modificare i modelli di pensiero, superare blocchi emotivi e superare blocchi emotivi e cambiare comportamenti indesiderati. Tuttavia, l'uso dell'ipnosi per la manipolazione solleva importanti questioni etiche e richiede una pratica responsabile.

La Programmazione Neuro-Linguistica (PNL) offre una vasta gamma di tecniche che possono essere utilizzate per influenzare il pensiero, il comportamento e le emozioni delle persone. Queste tecniche sono state sviluppate per aiutare a comunicare in modo più efficace, creare rapporto e promuovere il cambiamento positivo. Tuttavia, è importante sottolineare che l'utilizzo delle tecniche di PNL per la manipolazione solleva questioni etiche e richiede una pratica responsabile. Vediamo alcune delle tecniche di PNL più comuni utilizzate per influenzare gli altri:

Ancoraggio: L'ancoraggio è una tecnica che lega uno stato emotivo a un segnale specifico, come un tocco o una parola. Ad esempio, un venditore può utilizzare l'ancoraggio associando uno stato di eccitazione e motivazione a un gesto specifico, come toccarsi il polso. Successivamente, può richiamare lo stesso stato emotivo semplicemente toccando il polso durante una conversazione con un potenziale cliente. L'ancoraggio può essere utilizzato per creare uno stato emotivo desiderato e influenzare le reazioni degli altri.

Calibrazione: La calibrazione è la capacità di osservare e interpretare i segnali non verbali delle persone. Attraverso l'attenzione ai cambiamenti nel linguaggio del corpo, nelle espressioni facciali e nel tono di voce, è possibile riconoscere le emozioni e le reazioni degli altri. Questa capacità di calibrare consente di adattare la propria comunicazione in base alle risposte emotive delle persone, creando un maggiore rapporto e facilitando l'influenza.

Rapport: Il rapport è la capacità di creare una connessione profonda e armoniosa con gli altri. Questo può essere realizzato attraverso l'adattamento del linguaggio del corpo, del tono di voce e del modello di comunicazione della persona con cui si interagisce. Creare un'atmosfera di fiducia e simpatia attraverso il rapport favorisce una maggiore apertura alle idee e alle influenze.

Linguaggio persuasivo: La PNL offre una serie di tecniche per utilizzare il linguaggio in modo persuasivo. Ad esempio, l'utilizzo di metafore e storie coinvolgenti può facilitare una comprensione più profonda e accrescere l'efficacia persuasiva. Inoltre, l'uso di parole e frasi positive, incisive e coinvolgenti può influenzare le emozioni e le decisioni delle persone.

Cambiamento di prospettiva: La PNL può essere utilizzata per facilitare il cambiamento di prospettiva delle persone. Attraverso l'utilizzo di domande potenzianti, sfide a credenze limitanti e visualizzazioni positive, è possibile incoraggiare un cambiamento di pensiero e di atteggiamento. Questo può essere utile per influenzare il pensiero e il comportamento delle persone in modo positivo.

L'ipnosi è una pratica che suscita interesse e curiosità nella società. Spesso associata all'immagine di un individuo in uno stato di trance profonda, l'ipnosi è un metodo di comunicazione che permette all'individuo di raggiungere uno stato di maggiore concentrazione e focalizzazione. In questo stato, la persona diventa più aperta all'influenza e alla suggestionabilità.

L'ipnosi è un processo che coinvolge l'induzione di uno stato alterato di coscienza, chiamato stato ipnotico, attraverso suggerimenti verbali e tecniche di rilassamento. Durante l'ipnosi, l'individuo sperimenta un'attenzione focalizzata e una riduzione della consapevolezza dell'ambiente circostante. In questo stato, la mente subconscia diventa più accessibile, consentendo una maggiore ricezione di informazioni e suggerimenti.

L'ipnosi può essere utilizzata per una varietà di scopi, tra cui il trattamento di disturbi psicologici, il miglioramento delle prestazioni sportive, la gestione del dolore e il cambiamento di abitudini indesiderate. Tuttavia, è importante sottolineare che l'uso dell'ipnosi per la manipolazione solleva importanti questioni etiche e richiede una pratica responsabile.

Nel contesto della manipolazione, l'ipnosi può essere utilizzata per influenzare le credenze, le percezioni e i comportamenti delle persone. Durante uno stato ipnotico, l'individuo è più suscettibile all'influenza e alla suggestionabilità. Ciò significa che i suggerimenti e le informazioni fornite durante l'ipnosi possono avere un impatto significativo sul modo in cui la persona pensa, agisce e reagisce.

Un aspetto chiave dell'ipnosi è la capacità di creare uno stato di fiducia e di rapporto con l'individuo che viene ipnotizzato. Questo rapporto è fondamentale per l'efficacia dell'ipnosi, poiché un livello di fiducia e di apertura è necessario affinché l'individuo si lasci guidare dalle suggestioni dell'ipnotizzatore.

Le tecniche utilizzate durante l'ipnosi per la manipolazione possono includere suggerimenti diretti, visualizzazioni guidate e la riprogrammazione di convinzioni limitanti. Ad esempio, un ipnotizzatore può utilizzare suggerimenti per aumentare l'autostima di una persona e farla sentire più fiduciosa. Possono anche utilizzare tecniche per influenzare le abitudini, come smettere di fumare o mangiare in modo compulsivo.

L'ipnosi è una pratica che coinvolge l'induzione di uno stato alterato di coscienza per influenzare le persone a livello mentale e comportamentale. Le tecniche di ipnosi possono essere utilizzate per influenzare e manipolare gli altri, ma è fondamentale esercitare la massima responsabilità ed etica in tali situazioni.

Suggerimenti diretti: Una delle tecniche più comuni di ipnosi per la manipolazione è l'utilizzo di suggerimenti diretti. Durante uno stato ipnotico, l'ipnotizzatore può fornire suggerimenti verbali che influenzano il modo in cui la persona pensa e agisce. Ad esempio, possono suggerire alla persona di provare una maggiore fiducia in sé stessa o di adottare nuovi comportamenti desiderati.

Visualizzazioni guidate: Le visualizzazioni guidate sono una tecnica di ipnosi in cui l'ipnotizzatore guida la persona attraverso un'immagine mentale dettagliata e coinvolgente. Durante questa esperienza, l'ipnotizzatore può utilizzare immagini suggestive e positive per influenzare le emozioni e le percezioni della persona. Ad esempio, possono guidare la persona attraverso un'immagine di successo o di felicità, creando un'associazione positiva che può influenzare il modo in cui la persona si sente e agisce nella realtà.

Cambiamento di convinzioni limitanti: Un altro approccio utilizzato nell'ipnosi per la manipolazione è il cambiamento di convinzioni limitanti. Durante uno stato ipnotico, l'ipnotizzatore può lavorare con la persona per identificare e trasformare le convinzioni limitanti che possono ostacolare il loro successo o il loro benessere. Questo processo consente di sostituire le convinzioni negative con nuove convinzioni positive e potenzianti, facilitando il cambiamento comportamentale.

Utilizzo del linguaggio: Il linguaggio utilizzato durante l'ipnosi può svolgere un ruolo significativo nella manipolazione. L'ipnotizzatore può utilizzare un linguaggio persuasivo, coinvolgente e suggestivo per influenzare le percezioni e le emozioni della persona. Possono utilizzare parole ed espressioni che creano immagini mentali vivide e coinvolgenti, facilitando un'apertura alla manipolazione e all'influenza.

Post-ipnotico e suggerimenti di rinforzo: Durante una sessione di ipnosi, l'ipnotizzatore può fornire suggerimenti post-ipnotici che continueranno ad avere effetto anche dopo che la persona è uscita dallo stato ipnotico. Questi suggerimenti possono essere utilizzati per rinforzare nuovi comportamenti desiderati o per mantenere uno stato emotivo positivo. Ad esempio, possono suggerire alla persona di sentirsi sempre più sicura di sé nel corso del tempo o di adottare abitudini salutari.

La PNL (Programmazione Neuro-Linguistica) e l'ipnosi sono potenti strumenti che possono essere utilizzati per influenzare il pensiero, il comportamento e le emozioni delle persone. Per sviluppare abilità efficaci in queste aree, è importante esercitarsi con regolarità e acquisire una comprensione pratica delle tecniche coinvolte. Di seguito sono presentati alcuni esercizi pratici per sviluppare le competenze di PNL e ipnosi:

Visualizzazione Guidata: La visualizzazione guidata è una tecnica comune utilizzata nella PNL e nell'ipnosi per influenzare le emozioni e le percezioni. Puoi iniziare eseguendo questa pratica su te stesso. Trova un luogo tranquillo e rilassante, chiudi gli occhi e immagina di essere in una situazione piacevole e positiva. Puoi visualizzare un luogo rilassante come una spiaggia o un bosco, o immaginare di raggiungere un obiettivo personale. Concentrati sui dettagli, coinvolgi tutti i tuoi sensi e sperimenta le emozioni positive associate a questa situazione. Ripeti regolarmente questa visualizzazione guidata per rafforzare le tue abilità di immaginazione e per sviluppare un maggiore controllo sulle tue emozioni.

Linguaggio Positivo: L'utilizzo di un linguaggio positivo è fondamentale nella PNL e nell'ipnosi. Un esercizio pratico consiste nel monitorare il tuo linguaggio quotidiano e sostituire le parole e le frasi negative con quelle positive. Ad esempio, invece di dire "Non posso farlo", prova a dire "Posso trovare una soluzione". Oltre a utilizzare un linguaggio positivo con te stesso, puoi anche esercitarti nell'utilizzo di un linguaggio positivo quando interagisci con gli altri. Sii consapevole delle tue parole e cerca di utilizzare espressioni che ispirano fiducia, motivazione e ottimismo.

Calibrazione delle Emozioni: La calibrazione delle emozioni è una pratica che coinvolge l'osservazione e l'interpretazione dei segnali non verbali delle persone per comprendere le loro emozioni. Puoi esercitarti nella calibrazione delle emozioni interagendo con diverse persone in situazioni diverse. Osserva attentamente il loro linguaggio del corpo, le espressioni facciali e il tono di voce per cercare di identificare le emozioni che stanno provando. Ad esempio, puoi cercare di individuare segnali di felicità, tristezza, frustrazione o interesse. Questo esercizio ti aiuterà a sviluppare una maggiore sensibilità verso le emozioni altrui e a migliorare le tue abilità di lettura non verbale.

Induzione dell'Autoipnosi: L'autoipnosi è una pratica che ti consente di indurre volontariamente uno stato direlax e focalizzazione mentale simile a quello dell'ipnosi. Puoi esercitarti nell'autoipnosi per sviluppare una maggiore consapevolezza del tuo stato interno e per creare uno spazio di tranquillità e calma. Trova un luogo tranquillo, siediti o sdraiati in una posizione comoda e inizia a concentrarti sulla tua respirazione. Inspira profondamente e espira lentamente, rilassando gradualmente il tuo corpo. Puoi utilizzare suggerimenti positivi o immagini mentali rilassanti per aiutarti a raggiungere uno stato di trance leggera. L'autoipnosi può essere un potente strumento per sviluppare il controllo delle tue emozioni, ridurre lo stress e migliorare la concentrazione.

Utilizzo dell'ancoraggio: L'ancoraggio è una tecnica che permette di associare un'emozione o uno stato mentale specifico a uno stimolo o ad un gesto. Puoi esercitarti nell'utilizzo dell'ancoraggio associando un'emozione positiva, come la fiducia o la calma, a un gesto o a una parola specifica. Ad esempio, quando ti senti particolarmente fiducioso, puoi toccare delicatamente il pollice e l'indice e ripetere una parola come "fiducia". Puoi ripetere questo processo diverse volte per creare un'associazione mentale tra il gesto o la parola e l'emozione desiderata. Successivamente, quando desideri richiamare quell'emozione, puoi utilizzare l'ancoraggio ripetendo il gesto o pronunciando la parola associata.

L'uso della PNL (Programmazione Neuro-Linguistica) e dell'ipnosi per la manipolazione solleva importanti questioni etiche che richiedono una seria riflessione. Mentre queste pratiche possono essere strumenti potenti per influenzare e persuadere gli altri, è fondamentale considerare il benessere delle persone coinvolte e operare con responsabilità ed etica.

Uno dei principi fondamentali dell'etica nella manipolazione con la PNL e l'ipnosi è il rispetto per l'autonomia delle persone. È importante ricordare che ogni individuo ha il diritto di prendere decisioni autonome e di mantenere il controllo sulla propria vita. L'utilizzo della PNL e dell'ipnosi per manipolare o costringere gli altri a comportarsi contro la propria volontà è moralmente sbagliato e può violare il principio del rispetto per l'autonomia.

Un altro aspetto etico importante da considerare è il consenso informato. Prima di utilizzare la PNL o l'ipnosi per influenzare o manipolare qualcuno, è essenziale ottenere il loro consenso esplicito e informato. Le persone devono essere pienamente consapevoli delle pratiche che verranno utilizzate su di loro e dei potenziali effetti che queste possono avere. Il consenso informato garantisce che le persone abbiano la possibilità di scegliere liberamente se partecipare o meno a determinate pratiche.

Inoltre, l'integrità e l'onestà sono valori fondamentali nell'utilizzo della PNL e dell'ipnosi per la manipolazione. È importante essere trasparenti riguardo alle intenzioni e agli obiettivi delle tecniche utilizzate. Manipolare gli altri in modo ingannevole o sfruttare la loro vulnerabilità va contro i principi etici della PNL e dell'ipnosi. La responsabilità dell'ipnotizzatore o del praticante della PNL è di lavorare per il beneficio delle persone coinvolte, rispettando la loro dignità e proteggendo il loro benessere.

Inoltre, l'etica richiede anche una continua formazione e auto-riflessione. È importante che gli ipnotizzatori e i praticanti della PNL si impegnino a migliorare le proprie competenze e conoscenze, sia tecniche che etiche. Ciò implica la partecipazione a corsi, workshop e supervisione, nonché l'adeguata gestione delle proprie competenze e limiti. Questo aiuta a garantire che le tecniche vengano utilizzate in modo responsabile, rispettando i diritti e il benessere delle persone coinvolte.

Infine, è fondamentale sottolineare che la PNL e l'ipnosi possono essere utilizzate per scopi positivi e benefici. Queste pratiche possono aiutare le persone a superare blocchi emotivi, a sviluppare nuove abilità e a migliorare il benessere generale. Quando utilizzate in modo etico, la PNL e Infine, è fondamentale sottolineare che la PNL e l'ipnosi possono essere utilizzate per scopi positivi e benefici. Queste pratiche possono aiutare le persone a superare blocchi emotivi, a sviluppare nuove abilità e a migliorare il benessere generale. Quando utilizzate in modo etico, la PNL e l'ipnosi possono essere strumenti potenti per facilitare il cambiamento e il progresso personali.

L'utilizzo di tecniche avanzate di manipolazione come la PNL e l'ipnosi può rappresentare una minaccia per la nostra libertà e autodeterminazione. È importante essere consapevoli di queste tecniche e sviluppare strategie per proteggersi dalla manipolazione. Di seguito sono forniti alcuni consigli su come riconoscere e difendersi dalla manipolazione attraverso la PNL e l'ipnosi:

Incrementa la consapevolezza: Il primo passo per proteggersi dalla manipolazione è aumentare la consapevolezza di sé e degli altri. Sii attento ai segnali di manipolazione come l'uso eccessivo di tecniche persuasive, l'invadenza della tua privacy o la sensazione di essere controllato. Presta attenzione anche ai cambiamenti improvvisi nel tuo pensiero, comportamento o emozioni. Essere consapevoli di queste dinamiche può aiutarti a identificare potenziali tentativi di manipolazione.

Mantieni una mente critica: Sviluppa una mentalità critica e analitica. Chiediti sempre il motivo dietro le azioni e le parole degli altri. Fai domande e valuta attentamente le informazioni che ti vengono presentate. Non accettare passivamente tutto ciò che ti viene detto, ma cerca prove e valuta la coerenza delle informazioni. La consapevolezza critica può aiutarti a discernere tra la manipolazione e la vera intenzione di comunicare in modo onesto e sincero.

Impara a conoscere te stesso: Conosci i tuoi valori, i tuoi obiettivi e le tue emozioni. Quando hai una solida conoscenza di te stesso, è più difficile per gli altri manipolarti. Sii consapevole delle tue vulnerabilità e dei tuoi punti sensibili, in modo da poterli proteggere. Costruisci una solida autostima e fiducia in te stesso, in modo da non essere facilmente influenzato dalle opinioni e dalle azioni degli altri.

Sviluppa abilità di comunicazione assertiva: Impara a comunicare in modo chiaro, diretto e assertivo. La comunicazione assertiva ti aiuta a esprimere i tuoi desideri, bisogni e opinioni in modo rispettoso, senza permettere agli altri di manipolarti. Sii consapevole dei tuoi diritti e impara a difenderli senza aggressività o passività. La comunicazione assertiva ti permette di stabilire confini chiari e di proteggerti dagli sforzi di manipolazione.

Cerca supporto e consulenza: Se sospetti di essere oggetto di manipolazione attraverso la PNL e l'ipnosi, cerca supporto da persone fidate e professionisti qualificati. Un consulente o uno psicologo può aiutarti a comprendere meglio le dinamiche di manipolazione e a sviluppare strategie specifiche per affrontarle. Raggiungere una prospettiva esterna Raggiungere una prospettiva esterna può fornirti un'opinione obiettiva e un supporto emotivo durante il processo di protezione dalla manipolazione. Condividere le tue esperienze e i tuoi dubbi con persone fidate può aiutarti a ottenere un feedback prezioso e a identificare eventuali schemi manipolativi.

Capitolo 8:Esercizi Pratici per Sviluppare Abilità di Manipolazione

Esercizi di Persuasione: Presentazione di esercizi per migliorare le abilità di persuasione, come tecniche di convincimento e costruzione di argomenti convincenti.

Per migliorare le abilità di persuasione e manipolazione, è importante praticare e affinare le tue competenze. Gli esercizi seguenti ti aiuteranno a sviluppare tecniche di convincimento e a costruire argomenti convincenti:

Pratica l'ascolto attivo: L'ascolto attivo è una competenza fondamentale per la persuasione. Esercitati ad ascoltare attentamente gli altri durante le conversazioni, prestando attenzione ai loro desideri, bisogni e preoccupazioni. Rifletti le loro parole e cerca di comprendere a fondo il loro punto di vista. Questo ti aiuterà a creare una connessione empatica e a costruire argomenti più efficaci che rispondano alle loro esigenze.

Sviluppa la tua capacità di empatia: L'empatia è cruciale per comprendere le prospettive degli altri e creare un'atmosfera di fiducia e comprensione reciproca. Mettiti nei panni degli altri e cerca di vedere le situazioni dal loro punto di vista. Esercitati a riconoscere e rispondere alle loro emozioni in modo autentico. L'empatia ti permetterà di creare legami più forti e di influenzare le persone in modo più efficace.

Costruisci argomentazioni convincenti: Esercitati a costruire argomentazioni solide e convincenti. Prendi in considerazione i punti di forza e di debolezza delle tue posizioni e impara a presentare le tue idee in modo chiaro e persuasivo. Usa dati concreti, studi di caso e esempi rilevanti per sostenere le tue affermazioni. Esercitati a comunicare in modo logico e strutturato, in modo da catturare l'attenzione e convincere gli altri della validità delle tue idee.

Utilizza la prova sociale: La prova sociale è un potente strumento di persuasione. Esercitati a identificare e utilizzare esempi di come altre persone abbiano già adottato o beneficiato delle tue idee o proposte. Questo può essere fatto attraverso l'uso di testimonianze, studi di caso o statistiche che dimostrano il successo delle tue proposte. Mostrare che altre persone sono già state influenzate positivamente dalle tue idee può aumentare la fiducia e la credibilità nella tua persuasione.

Esercitati alla negoziazione: La negoziazione è un'abilità essenziale per la manipolazione e la persuasione efficaci. Pratica la negoziazione di situazioni di conflitto o di accordi commerciali. Sviluppa la tua capacità di individuare punti di convergenza, di comprendere gli interessi delle altre persone e di trovare soluzioni vantaggiose per entrambe le parti. Esercitati anche a gestire le obiezioni e a trovare compromessi che soddisfino i bisogni di entrambe le parti.

Esercizi di role-playing: Il role-playing è un metodo efficace per sviluppare le abilità di manipolazione. Organizza delle sessioni di gioco di ruolo in cui interpreti diverse situazioni in cui devi persuadere o influenzare gli altri. Puoi assumere il ruolo di un venditore, un negoziatore o un influencer e praticare le tue tecniche di manipolazione in un ambiente controllato. Questo ti permetterà di sperimentare diverse strategie, migliorare la tua comunicazione non verbale e affinare le tue abilità di lettura delle emozioni altrui.

Sviluppa la tua presenza e autorevolezza: La tua presenza e autorevolezza possono influenzare la tua capacità di manipolare efficacemente gli altri. Esercitati a mantenere una postura eretta, a fare contatto visivo diretto e a utilizzare un tono di voce sicuro e convincente. Sii consapevole del tuo linguaggio del corpo e della tua espressione facciale, poiché questi possono trasmettere sicurezza e autorevolezza. Pratica in situazioni di vita reale, come presentazioni pubbliche o discussioni di gruppo, per migliorare la tua presenza e aumentare l'impatto delle tue parole e gesti.

Fai pratica con la gestione delle obiezioni: Le obiezioni sono comuni durante i tentativi di persuasione. Esercitati a riconoscere e gestire le obiezioni in modo efficace. Prendi in considerazione possibili obiezioni che potrebbero sorgere durante una conversazione o una negoziazione e sviluppa risposte persuasive per superarle. Pratica la calma e la pazienza durante l'affrontare le obiezioni e offri soluzioni alternative o evidenze che possano dissipare i dubbi o i timori degli altri.

Analizza le tue esperienze di persuasione: Rivedi e rifletti sulle tue esperienze passate di persuasione. Analizza ciò che ha funzionato e ciò che non ha funzionato. Identifica le tue aree di forza e le aree in cui hai bisogno di miglioramento. Considera anche le reazioni e le risposte delle persone che hai cercato di persuadere. Questo ti aiuterà a identificare gli aspetti in cui devi concentrare la tua pratica e a perfezionare le tue tecniche di manipolazione.

Il linguaggio del corpo è una forma di comunicazione non verbale potente ed espressiva. È importante sviluppare la consapevolezza del proprio linguaggio del corpo e imparare a interpretare i segnali non verbali degli altri. Ecco alcuni esercizi pratici che possono aiutarti a sviluppare queste abilità:

Auto-osservazione: Dedica del tempo a osservare te stesso in diverse situazioni sociali. Prendi nota dei tuoi gesti, delle tue espressioni facciali e della tua postura. Chiediti quale messaggio stai trasmettendo attraverso il tuo linguaggio del corpo. Ad esempio, sei aperto e rilassato o chiuso e teso? Con la pratica, sarai in grado di identificare i tuoi schemi e migliorare l'allineamento tra il tuo linguaggio del corpo e le tue intenzioni.

Esercizi di consapevolezza corporea: Pratica l'attenzione consapevole sul tuo corpo. Chiudi gli occhi e concentrati sulle sensazioni fisiche, come la respirazione, le tensioni muscolari e le sensazioni tattili. Questo esercizio ti aiuterà a connetterti meglio con il tuo corpo e a comprendere come le tue emozioni si manifestano a livello fisico. Sarai in grado di riconoscere come il tuo corpo reagisce a diverse situazioni e come ciò si riflette nel tuo linguaggio del corpo.

Gioco di ruolo: Coinvolgi un amico o un partner e pratica il gioco di ruolo. Assume ruoli diversi e osservate reciprocamente il vostro linguaggio del corpo durante la conversazione. Chiediti cosa stai trasmettendo attraverso i tuoi gesti, la tua postura e le tue espressioni facciali. Successivamente, scambiatevi feedback costruttivi per migliorare la vostra consapevolezza e comprensione del linguaggio del corpo.

Osservazione degli altri: Dedica del tempo a osservare attentamente il linguaggio del corpo delle persone che incontri nella vita quotidiana. Prendi nota dei loro gesti, delle loro espressioni facciali e delle loro posture. Chiediti quale emozione o atteggiamento stanno comunicando attraverso il loro linguaggio del corpo. Pratica l'osservazione senza giudizio, cercando di cogliere anche i segnali più sottili. Questo esercizio ti aiuterà a sviluppare una sensibilità verso i segnali non verbali e a comprendere meglio le emozioni e le intenzioni degli altri.

Esercizi di empatia: Sviluppa la tua capacità di empatia attraverso esercizi specifici. Immagina di essere in una situazione specifica e prova a sentire le emozioni e le sensazioni fisiche che potresti sperimentare in quella situazione. Successivamente, esplora come queste emozioni influenzerebbero il tuo linguaggio del corpo. Questo esercizio ti aiuterà a comprendere meglio le connessioni tra le emozioni e il linguaggio del corpo, consentendoti di rilevare più facilmente tali segnali negli altri.

Pratica la corrispondenza non verbale: Sperimenta la corrispondenza non verbale con le persone che incontri. Osserva il loro linguaggio del corpo e cerca di adattare il tuo al loro. Ad esempio, se qualcuno sta usando gesti ampi e aperti, puoi rispondere in modo simile. Questo esercizio ti aiuterà a stabilire una maggiore sintonia con gli altri e a creare un'atmosfera di connessione e comprensione reciproca.

Capitolo 9: Auto perfezionamento e Crescita: Trasformare le Tecniche di Manipolazione in Strumenti di Successo

Riconoscere il Potenziale: Discussione su come le tecniche di manipolazione possono essere usate in modo positivo per l'auto perfezionamento e la crescita personale

Le tecniche di manipolazione sono spesso associate a scopi negativi, come il controllo e l'influenza manipolativa sugli altri. Tuttavia, è importante sottolineare che le stesse tecniche possono essere utilizzate in modo etico e positivo per l'auto-perfezionamento e la crescita personale. Riconoscere il potenziale di queste tecniche e imparare a utilizzarle in modo costruttivo può portare a risultati significativi nella vita di un individuo.

Consapevolezza e autoanalisi: Il primo passo per trasformare le tecniche di manipolazione in strumenti di successo è la consapevolezza di sé e l'autoanalisi. È fondamentale capire i propri punti di forza, le debolezze e le aree in cui si desidera migliorare. Questa consapevolezza permette di indirizzare le tecniche di manipolazione verso obiettivi positivi, come il miglioramento delle competenze comunicative, la gestione delle emozioni o lo sviluppo della leadership.

Empatia e comprensione degli altri: Utilizzare le tecniche di manipolazione in modo positivo richiede anche una profonda empatia e comprensione degli altri. Non si tratta di sfruttare le vulnerabilità delle persone, ma di sviluppare la capacità di comprendere i loro bisogni, punti di vista e desideri. Questa consapevolezza consente di utilizzare le tecniche di persuasione in modo etico, cercando di creare situazioni vantaggiose per entrambe le parti coinvolte.

Miglioramento delle competenze comunicative: Le tecniche di manipolazione sono spesso legate alla capacità di influenzare e persuadere gli altri attraverso la comunicazione. Sviluppare competenze comunicative solide è essenziale per utilizzare queste tecniche in modo positivo. Ciò include l'ascolto attivo, l'arte della negoziazione, la capacità di esprimere idee chiare e persuasive, e la capacità di adattare il proprio linguaggio e il proprio tono alle esigenze e alle caratteristiche delle persone con cui si comunica.

Autocontrollo ed equilibrio emotivo: Un aspetto fondamentale per utilizzare le tecniche di manipolazione in modo costruttivo è l'autocontrollo ed equilibrio emotivo. Saper gestire le proprie emozioni e reazioni è essenziale per mantenere la chiarezza di pensiero e la capacità di prendere decisioni informate. L'autocontrollo consente di utilizzare le tecniche di persuasione in modo etico, senza essere sopraffatti da impulsi negativi o manipolativi.

Obiettivi etici e integrità personale: Trasformare le tecniche di manipolazione in strumento di successo richiede l'impegno per mantenere obiettivi etici e l'integrità personale. È fondamentale porre al centro dei propri sforzi valori come l'onestà, la responsabilità e il rispetto degli altri. L'utilizzo delle tecniche di manipolazione per il proprio auto-perfezionamento dovrebbe essere orientato verso il raggiungimento di risultati positivi che contribuiscano al benessere personale e alla crescita di sé stessi e degli altri.

Le tecniche di manipolazione, quando utilizzate in modo etico e consapevole, possono essere strumenti potenti per migliorare le competenze interpersonali e promuovere relazioni efficaci e positive. Ecco come alcune di queste tecniche possono contribuire al miglioramento delle competenze chiave.

Migliorare le competenze comunicative: La comunicazione efficace è essenziale per interagire con gli altri in modo positivo. Le tecniche di manipolazione, come l'ascolto attivo, la riflessione e la riformulazione, possono aiutare a migliorare le competenze comunicative. L'ascolto attivo implica la capacità di ascoltare attentamente gli altri senza interruzioni, mostrando interesse e comprensione. La riflessione e la riformulazione, d'altra parte, consentono di chiarire e ripetere ciò che è stato detto, dimostrando una reale comprensione dell'interlocutore. Queste tecniche favoriscono la comunicazione chiara, efficace e rispettosa.

Sviluppare la capacità di negoziazione: La negoziazione è una competenza fondamentale per raggiungere accordi e risolvere conflitti in modo costruttivo. Le tecniche di manipolazione possono essere utilizzate per influenzare positivamente il processo di negoziazione. Ad esempio, l'uso della logica, della persuasione e del compromesso può aiutare a trovare soluzioni win-win, in cui entrambe le parti traggono vantaggio. Inoltre, la capacità di riconoscere e soddisfare i bisogni e gli interessi delle altre persone può favorire una comunicazione efficace e una negoziazione equa.

Sviluppare l'intelligenza emotiva: L'intelligenza emotiva è la capacità di comprendere ed esprimere le proprie emozioni, nonché di riconoscere e gestire le emozioni degli altri. Le tecniche di manipolazione possono essere utilizzate per sviluppare l'intelligenza emotiva, poiché richiedono una profonda comprensione delle emozioni e della loro influenza sul comportamento umano. Ad esempio, l'empatia, la capacità di mettersi nei panni degli altri, è un elemento chiave per l'intelligenza emotiva e può essere sviluppata attraverso l'osservazione e l'analisi delle reazioni emotive delle persone. Inoltre, l'utilizzo delle tecniche di persuasione basate sull'emotività richiede la consapevolezza delle emozioni e la capacità di adattare il proprio linguaggio e comportamento di conseguenza.

Migliorare la leadership e l'influenza: Le competenze di leadership e di influenza sono essenziali per guidare e motivare gli altri. Le tecniche di manipolazione possono essere utilizzate in modo positivo per sviluppare queste competenze. Ad esempio le competenze di leadership e di influenza sono essenziali per guidare e motivare gli altri. Le tecniche di manipolazione possono essere utilizzate in modo positivo per sviluppare queste competenze. Ad esempio, l'utilizzo di tecniche persuasive come l'uso del linguaggio persuasivo, la presentazione convincente di idee e la creazione di un ambiente di fiducia e supporto possono contribuire a sviluppare una leadership efficace. Inoltre, la consapevolezza del linguaggio del corpo e delle espressioni facciali può aiutare a comunicare in modo assertivo e influente.

Nel contesto del mondo del lavoro, le competenze di manipolazione possono essere utilizzate in modo strategico per favorire il successo professionale. Tuttavia, è fondamentale sottolineare che l'utilizzo di queste tecniche deve essere etico e rispettoso degli altri. Ecco alcune aree in cui le tecniche di manipolazione possono essere applicate in modo positivo:

Leadership: La leadership efficace richiede la capacità di influenzare e guidare gli altri verso obiettivi comuni. Le tecniche di manipolazione, come la persuasione e la gestione delle emozioni, possono essere utilizzate per ispirare e motivare i membri del team. Ad esempio, l'uso di storie coinvolgenti e di esempi concreti può aiutare a trasmettere la visione e i valori dell'organizzazione in modo efficace. Inoltre, la capacità di adattare il proprio stile di leadership alle esigenze dei singoli membri del team può favorire un ambiente di lavoro positivo e produttivo.

Team building: Nel processo di costruzione di un team coeso e collaborativo, le tecniche di manipolazione possono essere utilizzate per creare un clima di fiducia e rispetto reciproco. Ad esempio, l'utilizzo di tecniche di comunicazione efficace, come l'ascolto attivo e la condivisione di obiettivi comuni, può favorire la creazione di un ambiente in cui i membri del team si sentono valorizzati e coinvolti. Inoltre, la capacità di gestire le dinamiche di gruppo e risolvere i conflitti in modo costruttivo può aiutare a mantenere l'armonia e la produttività nel team.

Networking: Nel contesto del networking professionale, le tecniche di manipolazione possono essere utilizzate per creare e mantenere relazioni di valore con colleghi, clienti e partner commerciali. Ad esempio, l'uso di tecniche di persuasione può aiutare a presentare in modo convincente le proprie competenze e capacità agli altri. La gestione delle emozioni e la capacità di creare un'atmosfera positiva possono favorire la creazione di connessioni significative e durature. Inoltre, la capacità di adattare il proprio linguaggio e comportamento alle preferenze e alle esigenze degli altri può facilitare la costruzione di rapporti professionali solidi.

Capitolo 10: Etica della Manipolazione: Limiti e Responsabilità

Definizione di Etica nella Manipolazione: Discussione sul significato di etica in relazione alla manipolazione e alla persuasione.

La manipolazione e la persuasione sono pratiche che sollevano questioni etiche importanti. La manipolazione, in particolare, può essere vista come un'azione sleale e disonesta, poiché coinvolge l'uso di tattiche ingannevoli per ottenere ciò che si desidera. Tuttavia, l'etica nella manipolazione non può essere valutata in modo assoluto, ma dipende dal contesto e dalle intenzioni di chi la pratica. Ecco una discussione sulla definizione di etica nella manipolazione e sulla responsabilità che ne deriva.

Definizione di Etica nella Manipolazione:

L'etica può essere definita come il sistema di principi morali che guidano il comportamento umano. Nella manipolazione, l'etica riguarda la questione di quanto sia accettabile o giusto influenzare le persone in modo intenzionale e strategico per ottenere un determinato risultato. La linea tra persuasione lecita e manipolazione disonesta può essere sottile e sfumata, poiché coinvolge l'uso di tecniche e strategie che influenzano le persone senza che queste siano pienamente consapevoli del processo.

La responsabilità nella Manipolazione:

Chi pratica la manipolazione ha la responsabilità di considerare le conseguenze delle proprie azioni e le implicazioni etiche di ciò che sta facendo. È importante valutare l'equilibrio tra i propri interessi e quelli degli altri, assicurandosi che l'influenza esercitata non danneggi o violi i diritti delle persone coinvolte. La responsabilità implica anche l'obbligo di essere trasparenti e sinceri riguardo alle intenzioni e agli obiettivi della manipolazione, evitando di sfruttare la vulnerabilità o la mancanza di consapevolezza degli altri per ottenere vantaggi personali.

Limiti dell'Etica nella Manipolazione:

L'etica nella manipolazione può variare in base al contesto e alla cultura. Ciò che potrebbe essere considerato accettabile in una situazione può essere ritenuto immorale in un'altra. Pertanto, è importante riflettere sui principi etici universali come l'onestà, il rispetto e la giustizia quando si esercita l'influenza sugli altri. Tuttavia, è importante riconoscere che anche in presenza di buone intenzioni, le azioni possono essere percepite come manipolative o coercitive.

L'etica nella manipolazione richiede anche una valutazione continua e una riflessione critica sulle proprie pratiche. È essenziale considerare gli impatti a lungo termine delle proprie azioni e il modo in cui queste possono influenzare le relazioni interpersonali, la fiducia e il benessere degli altri. La responsabilità etica richiede anche l'apertura all'ascolto e alla considerazione dei punti di vista degli altri, così come la disposizione a correggere i propri comportamenti nel caso in cui si identifichi un'azione manipolativa o dannosa.

In conclusione, l'etica nella manipolazione richiede una riflessione profonda e una valutazione consapevole delle nostre azioni e delle loro conseguenze. È importante considerare il rispetto per gli altri, l'onestà, l'integrità e la responsabilità come principi guida. La manipolazione può essere utilizzata per ottenere risultati positivi e costruttivi, come l'influenza per il bene comune o per promuovere il benessere delle persone coinvolte. Tuttavia, è cruciale che ciò avvenga in modo etico e rispettoso delle libertà individuali e dei diritti degli altri.

La manipolazione e la persuasione sono due concetti strettamente correlati, ma la loro distinzione può essere cruciale dal punto di vista etico. Mentre entrambi implicano l'influenza su altre persone, la manipolazione e la persuasione si differenziano per le loro intenzioni, metodi e conseguenze. Esploriamo questa distinzione etica per comprendere meglio come queste pratiche possono impattare le relazioni e il benessere delle persone coinvolte.

La persuasione può essere definita come il processo di influenzare le convinzioni, le opinioni e i comportamenti di un individuo attraverso argomenti, ragionamenti e presentazione di prove. L'obiettivo principale della persuasione è guidare le persone verso un punto di vista o una decisione in modo aperto, trasparente e basato sulla logica e sui fatti. La persuasione etica si basa sulla comunicazione onesta, sul rispetto delle opinioni altrui e sulla volontà di ascoltare e comprendere i punti di vista degli altri. Nella persuasione etica, il benessere e la libertà delle persone coinvolte sono preservati e rispettati.

D'altra parte, la manipolazione è un processo che mira a influenzare le persone attraverso tattiche ingannevoli, coercizione o sfruttando le loro vulnerabilità. La manipolazione può coinvolgere l'uso di informazioni false, la creazione di illusioni o la limitazione delle opzioni per ottenere un vantaggio personale a spese degli altri. Questa pratica è spesso caratterizzata da una mancanza di trasparenza e da un'intenzione egoistica di controllare o dominare gli altri.

L'aspetto etico della manipolazione risiede nel fatto che viola la dignità e l'autonomia delle persone coinvolte. La manipolazione può sfruttare le debolezze o le insicurezze degli individui, portando a una perdita di fiducia e a un indebolimento delle relazioni. Inoltre, la manipolazione può privare le persone della libertà di scelta e di un'esperienza autentica, minando il loro senso di autonomia e autenticità.

La chiave per distinguere la manipolazione etica dalla manipolazione non etica risiede nell'intenzione, nella trasparenza e nel rispetto delle persone coinvolte. La manipolazione etica, se esiste, potrebbe essere limitata a situazioni di emergenza o in cui è necessario proteggere il benessere di una persona, come nell'intervento di un professionista sanitario per la salute e la sicurezza di un individuo.

Per garantire l'etica nella persuasione, è importante adottare un approccio responsabile e consapevole. Ciò include l'ascolto attivo, l'uso di argomentazioni basate sui fatti, la promozione del dialogo aperto e l'empatia verso le persone coinvolte. Rispettare i diritti e le libertà degli altri, consentendo loro di prendere decisioni informate e di esprimere le opinioni senza pressioni indebite, è fondamentale. La persuasione etica si basa sulla fiducia reciproca e sulla volontà di rispettare la dignità e l'autonomia delle persone coinvolte.

La manipolazione è un fenomeno complesso che può avere implicazioni etiche significative in diversi contesti. Esaminiamo le implicazioni etiche della manipolazione in tre ambiti chiave: il marketing, le relazioni personali e la politica.

Marketing: Nel campo del marketing, la manipolazione è spesso utilizzata per influenzare il comportamento dei consumatori. Ciò solleva questioni etiche riguardanti la trasparenza e la veridicità delle informazioni fornite. Ad esempio, le pratiche di pubblicità ingannevoli o l'uso di tattiche coercitive per spingere le persone all'acquisto di determinati prodotti possono violare i principi di integrità e rispetto dei consumatori. È importante che i marketer siano eticamente responsabili e forniscono informazioni accurate e complete, consentendo alle persone di prendere decisioni informate.

Relazioni personali: Nelle relazioni personali, la manipolazione può minare la fiducia e l'integrità delle dinamiche interpersonali. Utilizzare tattiche manipolative per ottenere il controllo o per ottenere ciò che si desidera a spese degli altri viola il rispetto e la dignità delle persone coinvolte. La manipolazione emotiva, ad esempio, può influenzare negativamente il benessere mentale ed emotivo degli individui coinvolti. Nelle relazioni personali sane ed etiche, è fondamentale basarsi sulla sincerità, sull'ascolto reciproco e sul rispetto dei confini e delle volontà delle persone coinvolte.

Politica: La manipolazione nella politica può sollevare serie questioni etiche. L'uso di tattiche manipolative per influenzare l'opinione pubblica o per ottenere il consenso può compromettere la democrazia e il processo decisionale equo. Ad esempio, la diffusione di notizie false o l'uso di discorsi manipolativi possono distorcere la percezione della realtà e condizionare l'opinione pubblica. Nella politica etica, dovrebbero prevalere la trasparenza, l'onestà e il rispetto per i diritti e le opinioni degli individui.

È importante notare che le implicazioni etiche della manipolazione possono variare a seconda del contesto culturale e delle norme sociali. Ciò che potrebbe essere considerato manipolazione in un contesto potrebbe essere accettato in un altro. Tuttavia, è fondamentale considerare gli impatti a lungo termine delle nostre azioni e il rispetto per i valori universali come l'onestà, l'integrità e il rispetto per la dignità umana.

Per evitare le implicazioni etiche negative della manipolazione, è essenziale sviluppare una consapevolezza critica delle nostre azioni e delle loro conseguenze sugli altri. Dobbiamo impegnarci a essere trasparenti, onesti e rispettosi nella nostra comunicazione e nel nostro comportamento. La promozione dell'educazione e della sensibilizzazione è fondamentale per affrontare le implicazioni etiche della manipolazione in tutti i contesti. Educare le persone sui principi etici e sulle conseguenze della manipolazione può aiutare a creare una società più consapevole e responsabile. Inoltre, promuovere una cultura di comunicazione aperta, basata sulla fiducia reciproca e sul rispetto delle opinioni altrui, è fondamentale per prevenire la manipolazione e promuovere relazioni e contesti più etici.

Quando si tratta dell'uso della manipolazione, la responsabilità personale gioca un ruolo cruciale. Le tecniche di manipolazione possono essere potenti strumenti di influenza, ma è importante comprendere la responsabilità che ne deriva e l'importanza di utilizzarle in modo etico. Esaminiamo da vicino la responsabilità personale nell'uso della manipolazione e l'importanza di adottare un approccio etico a queste competenze.

La manipolazione può essere intesa come l'uso intenzionale e strategico di tattiche per influenzare le persone. Tuttavia, ciò comporta una responsabilità significativa. Quando si decide di utilizzare tecniche di manipolazione, si deve essere consapevoli delle conseguenze delle proprie azioni sugli altri. È fondamentale considerare l'impatto che la manipolazione può avere sul benessere e sulla libertà delle persone coinvolte. Questo richiede una profonda riflessione sulle intenzioni, sulla trasparenza e sul rispetto per i confini e le volontà degli altri.

L'uso etico della manipolazione implica l'adempimento di principi chiave. Prima di tutto, bisogna considerare il rispetto per la dignità umana e l'autonomia delle persone coinvolte. Ciò significa che non dovremmo cercare di controllare o manipolare gli altri contro la loro volontà, né violare i loro diritti fondamentali. Dobbiamo essere consapevoli dell'equilibrio tra i nostri interessi e quelli degli altri, assicurandoci che la manipolazione non danneggi o limiti la libertà delle persone coinvolte.

Inoltre, la responsabilità nell'uso della manipolazione richiede trasparenza e onestà. È importante essere aperti riguardo alle nostre intenzioni e ai nostri obiettivi quando cerchiamo di influenzare gli altri. Nascondere le vere intenzioni o utilizzare tattiche ingannevoli può minare la fiducia e compromettere la relazione con le persone coinvolte. L'etica richiede una comunicazione chiara e rispettosa, in cui siamo trasparenti riguardo ai nostri scopi e alle conseguenze delle nostre azioni.

Un altro aspetto della responsabilità nell'uso della manipolazione è l'empatia. Dobbiamo essere in grado di metterci nei panni degli altri, comprendendo le loro emozioni, le loro esigenze e le loro prospettive. Questa consapevolezza ci aiuta a utilizzare la manipolazione in modo etico, cercando di influenzare gli altri per il loro beneficio e per il bene comune, invece di utilizzarli per i nostri interessi personali. L'empatia ci permette di considerare le conseguenze delle nostre azioni e di valutare se la manipolazione è realmente necessaria o appropriata in una determinata situazione.

Infine, la responsabilità nell'uso della manipolazione richiede una continua riflessione e autovalutazione. È importante essere disposti a esaminare criticamente le nostre intenzioni e i nostri comportamenti, nonché ad accettare le critiche e ad apportare i necessari cambiamenti quando ci accorgiamo di aver superato i limiti etici nella manipolazione. Questo richiede umiltà e un impegno costante per migliorare le nostre competenze di comunicazione e influenza in modo etico.

La manipolazione, quando utilizzata in modo improprio o dannoso, può superare i confini etici e violare i principi fondamentali del rispetto, dell'integrità e della dignità umana. È importante definire i limiti etici della manipolazione e identificare le situazioni in cui il suo uso può essere considerato inappropriato o dannoso. Vediamo da vicino questi limiti etici e le circostanze in cui è necessario esercitare la cautela.

Consenso informato: Un limite etico fondamentale nella manipolazione è il consenso informato. È necessario ottenere il consenso libero e informato delle persone coinvolte prima di utilizzare tattiche manipolative. Le persone devono essere pienamente consapevoli delle intenzioni, delle conseguenze e delle possibili implicazioni delle loro azioni. La manipolazione senza il consenso informato viola il diritto alla libertà di scelta e può essere considerata coercizione.

Benessere delle persone coinvolte: Un altro limite etico importante è il benessere delle persone coinvolte. La manipolazione che provoca danni emotivi, psicologici o fisici alle persone è chiaramente inappropriata e dannosa. Dobbiamo considerare attentamente se le nostre azioni siano volte a promuovere il benessere delle persone o se stiano causando loro disagio o danni.

Rispetto per la dignità umana: La manipolazione che viola la dignità umana è chiaramente oltre i limiti etici. Ogni individuo ha il diritto di essere trattato con rispetto, integrità e dignità. La manipolazione che riduce una persona a un oggetto da controllare o che sminuisce la sua autostima o il suo valore come individuo viola la dignità umana e non è eticamente accettabile.

Violazione dei confini personali: La manipolazione che invade i confini personali delle persone è considerata eticamente inappropriata. Ogni individuo ha il diritto di stabilire e mantenere i propri confini personali. La manipolazione che cerca di superare o violare questi confini, coercendo le persone o invadendo la loro privacy, è eticamente sbagliata e dannosa.

Utilizzo di informazioni false o ingannevoli: L'uso di informazioni false o ingannevoli nella manipolazione è un limite etico importante. La manipolazione che si basa su informazioni inesatte o che intenzionalmente distorce la realtà è manipolativa e non etica. È fondamentale essere onesti e trasparenti nella comunicazione, evitando di manipolare gli altri con informazioni errate o fuorvianti.

Sfruttamento e coercizione: La manipolazione che sfrutta le persone o le costringe a compiere azioni contro la loro volontà è chiaramente oltre i limiti etici. L'uso della manipolazione per ottenere un vantaggio personale a spese degli altri è eticamente inaccettabile.

L'uso inappropriato della manipolazione può avere conseguenze significative e negative, sia per l'individuo che per la società nel suo complesso. Vediamo da vicino alcune delle possibili conseguenze di un uso non etico o inappropriato della manipolazione.

Danneggiamento dell'autostima e del benessere emotivo: L'uso manipolativo può danneggiare l'autostima e il benessere emotivo delle persone coinvolte. La manipolazione che sfrutta le debolezze, le insicurezze o i punti deboli di una persona può portare a una diminuzione dell'autostima e causare danni psicologici significativi. Le persone possono sentirsi utilizzate, ingannate o impotenti, creando una sensazione di sfiducia e insicurezza nelle relazioni future.

Perdita di fiducia e distruzione delle relazioni: Un uso inappropriato della manipolazione può portare alla perdita di fiducia e alla distruzione delle relazioni. Quando le persone si rendono conto che sono state manipolate o che le loro aspettative sono state ingannevolmente modificate, la fiducia reciproca può essere compromessa. Ciò può causare tensioni, conflitti e persino la fine delle relazioni personali o professionali. La manipolazione mina la base di fiducia necessaria per costruire relazioni sane e autentiche.

Limitazione della libertà e dell'autonomia: La manipolazione che costringe o controlla le persone può limitare la loro libertà e l'autonomia decisionale. Un uso inappropriato della manipolazione può portare a una diminuzione della libertà individuale e impedire alle persone di prendere decisioni informate e autonome. Ciò può causare sentimenti di frustrazione, rabbia e risentimento, nonché una dipendenza dall'individuo manipolatore.

Effetti a lungo termine sulla salute mentale: Un uso inappropriato della manipolazione può avere effetti negativi a lungo termine sulla salute mentale delle persone coinvolte. La manipolazione prolungata può causare stress, ansia, depressione e altri disturbi psicologici. Le persone possono sviluppare una sensazione di insicurezza e di perdita di controllo sulla propria vita, con conseguenze dannose per il loro benessere psicologico complessivo.

Declino dell'integrità e dell'etica sociale: L'uso inappropriato della manipolazione può portare a un declino dell'integrità e dell'etica sociale. Quando la manipolazione diventa comune e accettata come pratica, può erodere i valori e gli standard morali di una società. Ciò può portare a un clima sociale in cui la disonestà, la manipolazione e l'inganno sono considerati normali, compromettendo il tessuto sociale nel suo complesso.

Danneggiamento dell'immagine e della reputazione: Un uso inappropriato della manipolazione può danneggiare l'immagine e la reputazione di coloro che la utilizzano. Quando le azioni manipolative vengono scoperte o diventano di dominio pubblico, l'individuo può essere visto come ingannevole, non affidabile e privo di integrità. Questo può avere conseguenze significative sulla reputazione personale e professionale, compromettendo le opportunità future e le relazioni interpersonali.

La manipolazione, quando utilizzata in modo etico e responsabile, può essere uno strumento efficace per influenzare positivamente le persone e le situazioni. Tuttavia, è fondamentale promuovere un uso etico di queste tecniche al fine di preservare la dignità e il benessere delle persone coinvolte. Ecco alcuni suggerimenti e strategie per promuovere un uso etico della manipolazione:

Consapevolezza e autovalutazione: La consapevolezza di sé è fondamentale per un uso etico della manipolazione. È importante riflettere sulle proprie intenzioni, motivazioni e comportamenti. Chiedersi se le nostre azioni sono etiche, se rispettano i diritti e la dignità degli altri e se promuovono il benessere comune. L'autovalutazione ci aiuta a identificare e correggere eventuali comportamenti manipolativi non etici.

Trasparenza e onestà: L'etica richiede trasparenza e onestà nella comunicazione. Evitare l'inganno, la manipolazione ingannevole e l'uso di informazioni false o fuorvianti. Comunicare in modo chiaro e diretto, condividendo informazioni complete e accurate. La trasparenza crea un ambiente di fiducia e favorisce relazioni autentiche e durature.

Rispetto e considerazione: La manipolazione etica richiede rispetto e considerazione per gli altri. Ascoltare attentamente le loro esigenze, opinioni e sentimenti. Prendere in considerazione il loro punto di vista e rispettare la loro autonomia e dignità. Evitare di manipolare le persone contro la loro volontà o di sfruttare le loro debolezze.

Consenso informato e volontario: Ottenere il consenso informato e volontario delle persone coinvolte è fondamentale per un uso etico della manipolazione. Prima di utilizzare tecniche manipolative, spiegare chiaramente le intenzioni, le conseguenze e le possibili implicazioni delle nostre azioni. Assicurarsi che le persone siano libere di prendere decisioni informate e che abbiano la possibilità di rifiutarsi senza alcuna pressione.

Empatia e comprensione: L'empatia e la comprensione sono importanti per un uso etico della manipolazione. Mettersi nei panni degli altri, cercare di capire le loro emozioni, bisogni e desideri. La manipolazione etica si basa sull'empatia e cerca di promuovere il benessere e la soddisfazione delle persone coinvolte, piuttosto che sfruttarle a proprio vantaggio.

Continua formazione ed educazione: È importante impegnarsi in un percorso di formazione ed educazione continua sulla manipolazione etica. Familiarizzarsi con le migliori pratiche, studiare i principi etici e approfondire la comprensione dei confini tra manipolazione e persuasione. Mantenere

aggiornata la propria conoscenza sugli sviluppi nel campo dell'etica e della manipolazione. Partecipare a corsi, workshop o formazioni specifiche può aiutare a sviluppare una solida base di conoscenze etiche e a migliorare le competenze di manipolazione in modo responsabile.

Monitoraggio e autovalutazione costante: Un uso etico della manipolazione richiede un monitoraggio e un'autoriflessione costanti delle proprie azioni. Chiedersi regolarmente se le proprie tattiche manipolative sono congruenti con i principi etici. Valutare l'impatto delle proprie azioni sulle persone coinvolte e sulla società nel suo complesso. Essere disposti a correggere il corso se si rilevano comportamenti non etici o dannosi.

Capitolo 11:Proteggersi dalla Manipolazione: Riconoscere e Resistere alle Tattiche Manipolative.

Riconoscere la Manipolazione: Discussione su come riconoscere i segni di manipolazione nelle interazioni quotidiane.

La manipolazione può essere subdola e difficile da riconoscere, ma è fondamentale sviluppare la capacità di individuare i segni e le tattiche manipolative per proteggersi dagli effetti negativi. Ecco alcuni suggerimenti su come riconoscere la manipolazione nelle interazioni quotidiane:

Consapevolezza dei propri diritti e bisogni: Una buona conoscenza dei propri diritti e bisogni può aiutare a individuare situazioni in cui vengono minacciati o ignorati. Essere consapevoli dei propri confini personali e delle proprie priorità permette di riconoscere quando qualcuno cerca di manipolarli o di spingerli contro la propria volontà.

Riconoscere le tattiche manipolative: Le persone manipolative utilizzano spesso tattiche ben definite per ottenere ciò che vogliono. Queste possono includere la colpa, la minaccia, il ricatto emotivo, la lusinga e la manipolazione dell'informazione. Essere consapevoli di queste tattiche e riconoscerle può aiutare a evitare di essere influenzati in modo indesiderato.

Osservare i cambiamenti nel comportamento: Spesso, la manipolazione è accompagnata da cambiamenti nel comportamento dell'altra persona. Potresti notare una tendenza a controllare, a influenzare e a dirigere le tue azioni. Presta attenzione a eventuali cambiamenti improvvisi nel modo in cui ti trattano o nel modo in cui interagiscono con te.

Prestare attenzione alla comunicazione non verbale: La comunicazione non verbale può rivelare molto sulla sincerità delle persone. Osserva il linguaggio del corpo, le espressioni facciali e il tono di voce dell'altra persona. Se noti segnali di disagio, incoerenza o disonestà, potrebbe essere un segnale di manipolazione.

Valutare la simmetria nella relazione: La manipolazione spesso implica un disequilibrio di potere e controllo nella relazione. Valuta se la relazione è equilibrata e reciproca, o se una delle parti cerca di ottenere un vantaggio a spese dell'altra. Una relazione sana si basa sulla fiducia, sulla collaborazione e sul rispetto reciproco.

Fare domande e chiedere chiarimenti: Non avere paura di fare domande e di chiedere chiarimenti quando qualcosa non ti sembra giusto o coerente. Chiedere spiegazioni può mettere alla prova la sincerità dell'altra persona e può aiutarti a ottenere informazioni più complete.

Affidarsi all'intuito: L'intuito può essere un potente strumento per riconoscere la manipolazione. Se hai una sensazione di disagio o di insincerità nelle interazioni con qualcuno, ascolta il tuo intuito. Spesso, il nostro istinto ci avverte quando qualcosa non va.

La manipolazione può manifestarsi attraverso diverse tattiche che mirano a influenzare il comportamento, le opinioni e le decisioni degli altri. Queste tattiche sono spesso utilizzate in modo subdolo e sottile, ma è importante riconoscerle per proteggersi dagli effetti negativi. Ecco un elenco e una spiegazione delle tattiche di manipolazione più comuni:

La Colpa: La tattica della colpa coinvolge il far sentire l'altra persona responsabile di qualcosa di negativo o di un'azione sbagliata, anche se non è effettivamente colpevole. La manipolazione tramite la colpa induce sentimenti di vergogna, rimorso e obbligo nell'altra persona, cercando di ottenere il controllo o la sottomissione.

L'Intimidazione: L'intimidazione è una tattica di manipolazione basata sulla paura e sulla coercizione. Include minacce, aggressività verbale o fisica, e comportamenti intimidatori per ottenere ciò che si desidera. Questa tattica cerca di dominare e controllare gli altri attraverso la manipolazione delle emozioni, creando un ambiente di paura e sottomissione.

La Lusinga: La lusinga è una tattica di manipolazione che mira a guadagnare l'approvazione e il consenso dell'altra persona attraverso elogi e complimenti eccessivi. Chi utilizza la lusinga cerca di aumentare l'autostima e il bisogno di approvazione dell'altra persona per ottenere ciò che desidera. Questa tattica può essere usata per manipolare le decisioni, i comportamenti e le opinioni dell'altra persona.

La Manipolazione dell'Informazione: Questa tattica di manipolazione coinvolge la distorsione o la selezione delle informazioni per influenzare la percezione e la comprensione dell'altra persona. Chi utilizza questa tattica può presentare solo una parte della verità o utilizzare informazioni fuorvianti per indurre l'altra persona a prendere decisioni che favoriscono il manipolatore.

L'Isolamento e la Manipolazione Sociale: Questa tattica mira a isolare l'altra persona dai suoi legami sociali e supporto, limitando così la sua capacità di ricevere informazioni e punti di vista alternativi. La manipolazione sociale può includere l'alienazione, la denigrazione delle relazioni dell'altra persona e il controllo delle interazioni sociali per esercitare maggiore influenza e controllo su di essa.

La Seduzione e l'Adulazione Eccessiva: Questa tattica mira a creare un legame emotivo e a sfruttare il desiderio di essere amati e accettati. Chi utilizza questa tattica può sedurre l'altra persona con promesse, gesti romantici o dichiarazioni d'amore e poi sfruttare questa dipendenza emotiva per ottenere ciò che desidera.

La manipolazione si basa su una comprensione profonda della psicologia umana e delle dinamiche relazionali. Per capire perché alcune tattiche manipolative sono particolarmente efficaci, è importante esaminare le dinamiche psicologiche che le sostengono. Vediamo da vicino alcune di queste dinamiche:

Bisogno di approvazione e accettazione:

Uno dei motivatori chiave della manipolazione è il bisogno di approvazione e accettazione. Le persone sono sociali per natura e desiderano sentirsi amate e accettate dagli altri. I manipolatori sfruttano questo bisogno per guadagnare potere e controllo sulle persone, offrendo l'approvazione e l'accettazione condizionata come una ricompensa per la conformità.

Paura e insicurezza:

La manipolazione spesso sfrutta le paure e le insicurezze delle persone. La paura di essere giudicati, di fallire o di essere abbandonati può essere utilizzata come leva per influenzare le decisioni e i comportamenti delle persone. I manipolatori sfruttano queste emozioni negative per creare dipendenza emotiva e ottenere ciò che vogliono.

Asimmetria di potere:

La manipolazione è spesso efficace quando esiste un'asimmetria di potere tra le persone coinvolte. Un manipolatore può avere una posizione di autorità, conoscenze specializzate o risorse che gli consentono di esercitare un maggiore controllo sugli altri. Questa asimmetria di potere crea una dipendenza e rende più difficile per la persona manipolata resistere o contrattaccare.

Conoscenza dei punti deboli:

Un manipolatore abile è in grado di individuare i punti deboli delle persone e di utilizzarli a proprio vantaggio. Questi punti deboli possono essere emozionali, come le insicurezze o le paure, o pratici, come le dipendenze finanziarie o le dipendenze affettive. Conoscendo questi punti deboli, il manipolatore può manipolare le emozioni e le decisioni dell'altra persona per ottenere il controllo.

Distorsione della realtà:

La manipolazione spesso coinvolge la distorsione della realtà. I manipolatori possono presentare informazioni in modo selettivo o fuorviante per creare una percezione distorta della situazione. Questo può influenzare il giudizio e la presa di decisione delle persone, facendole agire in modi che favoriscono il manipolatore.

Sfruttamento dell'empatia e della compassione:

I manipolatori possono sfruttare l'empatia e la compassione delle persone per manipolarle. Possono presentarsi come vittime o bisognosi di aiuto, giocando sul senso di responsabilità e altruismo dell'altra persona. Questo induce sentimenti di colpa e la persona manipolata può essere spinta a fare concessioni o a cedere alle richieste del manipolatore.

La manipolazione emotiva è una strategia comune utilizzata da manipolatori abili per influenzare e controllare gli altri. Questo tipo di manipolazione si basa sull'uso delle emozioni per ottenere ciò che si desidera. È fondamentale imparare a riconoscere e resistere alle tattiche manipolative che sfruttano le emozioni per proteggersi dagli effetti negativi. Ecco alcuni consigli utili per difendersi dalla manipolazione emotiva:

Sviluppare l'autoconsapevolezza: La consapevolezza delle proprie emozioni è un passo importante per difendersi dalla manipolazione emotiva. Imparare a riconoscere le proprie emozioni e a comprendere come queste possano influenzare le decisioni e i comportamenti aiuta a evitare di essere guidati dalle emozioni senza una valutazione razionale della situazione.

Imparare a gestire le emozioni: Una buona gestione delle emozioni è fondamentale per difendersi dalla manipolazione emotiva. Praticare tecniche di regolazione emotiva, come la respirazione profonda, la meditazione o l'attività fisica, può aiutare a mantenere la calma e a prendere decisioni basate sulla razionalità piuttosto che sulle emozioni del momento.

Valutare la congruenza delle emozioni: Quando si viene esposti a una tattica manipolativa basata sulle emozioni, è importante valutare la congruenza tra le emozioni percepite e la situazione reale. Domandarsi se le emozioni che si stanno provando sono in linea con la situazione può aiutare a riconoscere se si sta cercando di sfruttare emotivamente.

Focalizzarsi sui fatti: I manipolatori emotivi spesso cercano di distorcere la realtà e spingere le persone a prendere decisioni basate sulle emozioni piuttosto che sui fatti oggettivi. Mantenere una prospettiva razionale e basare le decisioni su prove concrete e informazioni affidabili può aiutare a resistere alla manipolazione emotiva.

Imparare a dire di no: Una delle tattiche di manipolazione emotiva più comuni è l'uso della pietà o della colpa per ottenere ciò che si desidera. Imparare a stabilire confini sani e a dire di no quando le richieste sono in contrasto con i propri valori o bisogni è fondamentale per proteggersi dalla manipolazione emotiva.

Raggiungere un supporto sociale: Avere un solido supporto sociale può aiutare a resistere alla manipolazione emotiva. Condividere le proprie preoccupazioni e le esperienze con persone di fiducia può fornire una prospettiva esterna e un sostegno emotivo, aiutando a riconoscere le tattiche manipolative e a trovare soluzioni appropriate.

Le relazioni manipolative possono essere estremamente difficili da affrontare, sia che si tratti di amicizie, familiari o relazioni professionali. Tuttavia, ci sono strategie che possono essere adottate per gestire e navigare tali relazioni in modo più sano e assertivo. Ecco alcuni suggerimenti utili:

Riconoscere la manipolazione:

Il primo passo per affrontare una relazione manipolativa è riconoscere la manipolazione stessa. Spesso, le tattiche manipolative possono essere subdole e sottili, quindi è importante essere consapevoli dei segni di manipolazione, come il senso di colpa, l'intimidazione o la distorsione dei fatti. Una volta riconosciuta la manipolazione, si può iniziare a prendere misure per proteggersi e affrontare la situazione.

Mantenere una comunicazione chiara:

La comunicazione aperta e chiara è fondamentale per gestire una relazione manipolativa. Esprimere i propri bisogni, aspettative e confini in modo assertivo può contribuire a stabilire una base solida per la comunicazione reciproca. Siate chiari riguardo alle vostre opinioni e non abbiate paura di esprimere il vostro dissenso quando necessario.

Stabilire confini sani:

Stabilire confini sani è cruciale quando si tratta di relazioni manipolative. Definire quali comportamenti o richieste non sono accettabili per voi e comunicarli in modo chiaro all'altra persona. Mantenere i propri confini e non permettere che vengano violati. Ricordate che avete il diritto di difendere i vostri interessi e il vostro benessere emotivo.

Non cedere alla manipolazione:

Spesso, i manipolatori cercano di farvi sentire colpevoli o responsabili delle loro azioni o delle loro emozioni. È importante non cedere a queste tattiche e non permettere che vi sfruttino emotivamente. Imparate a riconoscere quando state subendo una manipolazione e mantenete la vostra autonomia e indipendenza.

Cerca supporto e consulenza:

Affrontare una relazione manipolativa può essere emotivamente sfiancante. Non esitate a cercare supporto da amici, familiari o professionisti, come terapeuti o consulenti. Ottenere una prospettiva esterna può fornire un supporto emotivo e suggerimenti pratici per gestire la situazione in modo efficace.

Rafforzare l'autostima:

La manipolazione spesso mira a indebolire l'autostima e la fiducia in se stessi. Concentrarsi sul rafforzamento dell'autostima e del proprio valore può aiutare a resistere alla manipolazione. Sviluppare una visione positiva di sé stessi, coltivare interessi personali e cercare attività che aumentino la fiducia in se stessi possono contribuire a migliorare la propria resistenza alla manipolazione e a mantenere un senso di valore e autostima elevati.

Valutare l'importanza della relazione: In alcuni casi, potrebbe essere necessario valutare attentamente l'importanza della relazione manipolativa nella propria vita. Se nonostante i vostri sforzi per affrontare la manipolazione, la situazione non migliora e la relazione continua a essere tossica e dannosa, potrebbe essere necessario considerare la possibilità di allontanarsi o di ridurre al minimo l'interazione con la persona manipolatrice. La vostra salute emotiva e il benessere devono essere prioritari.

La manipolazione è una realtà presente in diverse sfere della vita e può avere conseguenze negative sul benessere individuale e sociale. Promuovere la consapevolezza della manipolazione è fondamentale per aiutare gli altri a proteggersi e adottare un approccio più critico nei confronti delle tattiche manipolative. Ecco alcune strategie per promuovere la consapevolezza della manipolazione nella società:

Educazione nelle scuole:

Introdurre l'educazione sulla manipolazione e sull'etica delle relazioni nelle scuole può essere un passo importante per promuovere la consapevolezza. Includere materie come la psicologia, l'educazione civica o l'educazione alla cittadinanza digitale può fornire agli studenti strumenti e conoscenze per comprendere e affrontare la manipolazione nelle loro interazioni quotidiane.

Campagne di sensibilizzazione:

Le campagne di sensibilizzazione sulla manipolazione possono svolgere un ruolo significativo nel promuovere la consapevolezza e l'informazione sulle tattiche manipolative. Organizzazioni, istituzioni e gruppi di interesse possono collaborare per creare campagne di sensibilizzazione che includano materiale informativo, testimonianze di persone che hanno subito manipolazione e strategie per affrontarla.

Media e informazione responsabile:

I media hanno un ruolo cruciale nel plasmare le opinioni e le percezioni della società. Promuovere l'informazione responsabile e l'etica dei media può aiutare a combattere la manipolazione. Sensibilizzare i giornalisti, gli editori e i produttori sui pericoli della manipolazione e incoraggiarli a fornire informazioni imparziali e obiettive può contribuire a creare una società più consapevole e resistente alla manipolazione.

Formazione e workshop:

Offrire formazione e workshop sulla consapevolezza della manipolazione può essere un'opportunità preziosa per le persone di acquisire conoscenze e strumenti per riconoscere e affrontare la manipolazione. Questi programmi possono essere rivolti a individui di diverse età e background, inclusi dipendenti, genitori, professionisti della salute mentale e operatori nei media.

Utilizzo dei social media:

I social media possono essere un'importante piattaforma per promuovere la consapevolezza della manipolazione. Creare contenuti educativi, condividere informazioni e storie di persone che hanno vissuto esperienze manipolative può contribuire a raggiungere un vasto pubblico. Inoltre, incoraggiare discussioni costruttive sul tema della manipolazione e fornire risorse utili può aiutare a diffondere la consapevolezza.

Supporto alle vittime:

Fornire supporto alle vittime di manipolazione è un aspetto essenziale per promuovere la consapevolezza. Offrire servizi di consulenza, gruppi di supporto e risorse per le vittime di manipolazione può aiutare a ristabilire il senso di sicurezza e a favorire la guarigione. Questi servizi possono includere supporto emotivo, consulenza professionale, consulenza legale e informazioni sulle opzioni disponibili per proteggersi e affrontare la manipolazione.

Collaborazione tra organizzazioni e istituzioni:

La collaborazione tra organizzazioni e istituzioni è fondamentale per promuovere la consapevolezza della manipolazione. Le organizzazioni della società civile, le istituzioni educative, i centri di ricerca e le agenzie governative possono unire le loro risorse e competenze per sviluppare programmi, risorse e politiche che affrontino la manipolazione e diffondano la consapevolezza a livello nazionale e internazionale.

Coinvolgimento della comunità:

Coinvolgere la comunità è un elemento chiave per promuovere la consapevolezza della manipolazione. Organizzare eventi pubblici, conferenze, discussioni e incontri di sensibilizzazione può coinvolgere attivamente le persone e creare spazi di dialogo per condividere esperienze e conoscenze. Inoltre, incoraggiare la formazione di gruppi di supporto e di difesa può fornire un'opportunità per le persone di unirsi e affrontare insieme la manipolazione.

*SE PENSI CHE QUESTO LIBRO TI SIA PIACIUTO E
TI ABBIA AIUTATO TI CHEDO SOLO DI DEDICARE
POCHI SECONDI A LASCIARE UNA   BREVE
RECENZIONE SU AMAZON!*

GRAZIE

<u>Alessandro De luca</u>